AN
GELA

The inexhaustible image ... épuiser l'image

GRAU
ER
HOLZ

Published in conjunction with the exhibition *Angela Grauerholz: The inexhaustible image ... épuiser l'image*, organized by the Canadian Museum of Contemporary Photography and presented at the National Gallery of Canada, Ottawa, from 28 May to 26 September 2010.

The catalogue has been produced by the Publications Division of the National Gallery of Canada, Ottawa.
Chief of Publications: Serge Thériault
Editors: Mylène Des Cheneaux and Caroline Wetherilt
Production: Anne Tessier
Translation: Danielle Chaput and Judith Terry

Designed and typeset by Fugazi, Montreal
Printed and bound in Italy by Conti Tipocolor, Florence

Front cover: photograph by Angela Grauerholz
Back cover: photograph by Angela Grauerholz, from *Ladder of Ascent and Descent*, 2008

All works by the artist: © Angela Grauerholz

Photo credits
All images provided by Angela Grauerholz, unless otherwise stated below:
pp. 101 (bottom), 102–103: Photo: Noémie da Silva
p. 105: installation view, Musée d'art contemporain de Montréal.
Photo: Richard-Max Tremblay
p. 129: installation view, The Power Plant Contemporary Art Gallery, Toronto. Courtesy of The Power Plant Contemporary Art Gallery.
Photo: Cheryl O'Brien
pp. 163–165, 168–171: installation view, VOX, Contemporary Image Centre, Montreal, 2006. Photo: Michel Brunelle

ISBN 978-0-88884-875-8

Distribution
ABC Art Books Canada
www.abcartbookscanada.com
info@abcartbookscanada.com

Publié à l'occasion de l'exposition *Angela Grauerholz: The inexhaustible image ... épuiser l'image*, organisée par le Musée canadien de la photographie contemporaine et présentée au Musée des beaux-arts du Canada, Ottawa, du 28 mai au 26 septembre 2010.

Cet ouvrage a été produit par la Division des publications du Musée des beaux-arts du Canada, Ottawa.
Chef, Publications : Serge Thériault
Réviseures : Mylène Des Cheneaux et Caroline Wetherilt
Production : Anne Tessier
Traduction : Danielle Chaput et Judith Terry

Catalogue © Musée canadien de la photographie contemporaine et Musée des beaux-arts du Canada, Ottawa, 2010

«Mettre le passé en ordre » © Oakville Galleries et l'auteure, 1995.
Tous droits réservés.

Conception graphique et composition par Fugazi, Montréal
Imprimé et façonné en Italie par Conti Tipocolor, Florence

Première de couverture : photographie d'Angela Grauerholz
Quatrième de couverture : photographie d'Angela Grauerholz, *Ladder of Ascent and Descent*, 2008

Toutes les œuvres sont de l'artiste : © Angela Grauerholz

Crédits photographiques
Toutes les images ont été fournies par Angela Grauerholz, sauf pour les images suivantes :
p. 101 (bas), 102–103 : Photo : Noémie da Silva
p. 105 : vue d'installation, Musée d'art contemporain de Montréal.
Photo : Richard-Max Tremblay
p. 129 : vue d'installation, The Power Plant Contemporary Art Gallery, Toronto. Avec l'aimable autorisation de Power Plant Contemporary Art Gallery. Photo : Cheryl O'Brien
p. 163–165, 168–171 : vue d'installation, VOX centre de l'image contemporaine, Montréal, 2006. Photo : Michel Brunelle

TOUS DROITS RÉSERVÉS

Il est interdit de reproduire, de mettre en mémoire dans un système de stockage et de restitution ou de diffuser un extrait quelconque de ce livre, sous quelque forme ou par quelque procédé que ce soit, sans le consentement écrit de l'éditeur ou une licence obtenue de la Canadian Copyright Licensing Agency (*Access Copyright*). Pour vous procurer une licence, visitez le www.accesscopyright.ca ou composer de numéro sans frais 1-800-893-5777.

ISBN 978-0-88884-875-8

Diffusion
ABC Livres d'art Canada
www.abcartbookscanada.com
info@abcartbookscanada.com

AN
GELA

The inexhaustible image … épuiser l'image

GRAU
ER
HOLZ

Martha Hanna

With contributions by
Avec les contributions de

Marnie Fleming
Olivier Asselin

Canadian Museum of Contemporary Photography
The CMCP is an affiliate of the National Gallery of Canada

Musée canadien de la photographie contemporaine
Le MCPC est affilié au Musée des beaux-arts du Canada

CONTENTS / SOMMAIRE

FOREWORD

Life's coincidences are often amusing, and sometimes a bit more than that. I am glad that the decision to mount an exhibition of work by Angela Grauerholz pre-dates my arrival at the National Gallery of Canada by many months. Writing this text would have been awkward had the idea for the exhibition come from me, rather than from Martha Hanna, Director of the Canadian Museum of Contemporary Photography. For one thing, it would be justifiable to complain of déjà vu, given the two exhibitions of Grauerholz's work I previously organized, one at the Canadian Cultural Centre in Paris in 1992, the other in 1998 at both the Albright-Knox Art Gallery in Buffalo and The Power Plant in Toronto.

More awkward still, my friendship with the artist goes back almost thirty years to the very beginning of our careers. I was an art history student with a royal passion for all things Baroque, but also with an awakening curiosity about contemporary art. Grauerholz was a young purveyor of books and periodicals on recent art. I began visiting her with increasing frequency when it became clear that there was more value and efficiency in asking her questions than in buying her books! She played a key role, all those years ago, in my decision to specialize in contemporary art.

We might never have met again had her other career, that of an artist, not reached great heights by the time I began programming recent art in the early 1990s. For curators and artists, becoming friends is hard enough to avoid, let alone if you have already been friends in another life. That is because intellectual intimacy is part of the job description for curators and living artists. The long conversations required to choose the works that will formulate a convincing argument in the gallery, or to get the ideas just right in an essay, bring people pretty close together, even more so when their personalities have a natural affinity.

One further coincidence regarding this current exhibition made me smile. Of the two Grauerholz shows that I have organized, one focused on a single work that has been included here. For me, *Sententia I – LXII* (1998) ingeniously encapsulates this artist's unique contribution to the medium of photography specifically, and to art in general. A sculpture shaped like a cenotaph turns out to be display furniture for a set of large photographs, all of them depicting openings of some kind, shown in vertical drawers that the viewer must pull out one by one to see. The work acts as a metaphorical self-reference to a basic component of photographic technology, the aperture, married to a further metaphorical reference to the memorializing aspect of the medium. It also explores the serial and encyclopaedic qualities of the photographic document, while evoking the sociology of access to art.

Despite being densely meaningful, this object with its many components is beautiful in the most straightforward way. I am personally grateful to Martha Hanna for having included it in her wonderful exhibition, and commend her for her insightfulness generally with regard to this important artist and the others that she has brought to our attention in previous exhibitions. As you can imagine from the above, although I was not involved in the planning of this current show, I visit it with a greater emotional investment than the average viewer. Happily, my gratitude to the curator matches my admiration for the artist.

Marc Mayer
Director and CEO, National Gallery of Canada

AVANT-PROPOS

La vie nous offre parfois d'heureuses coïncidences, et bien plus. Je suis heureux que la décision de monter une exposition regroupant des œuvres d'Angela Grauerholz ait été prise par Martha Hanna plusieurs mois avant mon arrivée au Musée des beaux-arts du Canada. Autrement cela aurait eu des allures de déjà-vu étant donné les deux expositions Grauerholz que j'ai déjà organisées, l'une au Centre culturel canadien à Paris en 1992, l'autre en 1998 à l'Albright-Knox Art Gallery de Buffalo et au Power Plant de Toronto.

Fait encore plus étonnant, mon amitié avec l'artiste remonte au tout début de nos carrières respectives, il y a près de trente ans. J'étais alors un étudiant en histoire de l'art animé d'une profonde passion pour le baroque, mais dont l'intérêt se développait pour l'art contemporain. À ce moment, Grauerholz était ma source de livres et de périodiques sur l'art récent. Je lui rendais visite de plus en plus souvent lorsque j'ai compris qu'il serait plus intéressant et efficace de lui poser directement mes questions que de lui acheter des livres ! Je dois admettre qu'à l'époque, elle a influencé grandement ma décision de m'orienter vers l'art contemporain.

Ce n'est qu'au début des années 1990 que nos chemins se sont croisés à nouveau alors que je commençais à organiser des expositions d'art actuel et que sa carrière d'artiste connaissait un essor important. Il est déjà assez difficile pour les conservateurs et les artistes de ne pas se lier d'amitié, encore davantage quand ils ont déjà été amis dans une vie antérieure. D'autant plus que l'intimité intellectuelle est intrinsèque à notre travail. Les longues conversations, nécessaires pour choisir les œuvres qui constitueront la trame d'une exposition ou pour l'élaboration d'un essai convaincant, les rapprochent énormément – surtout lorsqu'ils partagent déjà des affinités naturelles.

Une autre coïncidence m'a fait sourire. Des deux expositions Grauerholz que j'ai organisées, une portait exclusivement sur une œuvre qui est maintenant présentée à Ottawa. *Sententia I – LXII* (1998) résume ingénieusement, à mes yeux, l'apport tout à fait unique de Grauerholz à la discipline de la photographie, et à l'art en général. Cette sculpture qui a la forme d'un cénotaphe est en fait un meuble où sont rangées de grandes photographies qui représentent des ouvertures que le spectateur découvre en ouvrant un à un les tiroirs verticaux. Métaphoriquement, *Sententia* fait référence à un composant essentiel de l'appareil photographique – l'ouverture – en même temps qu'à la fonction commémorative de la photographie. Elle explore aussi les dimensions séquentielles et encyclopédiques du document photographique, tout en évoquant la sociologie de l'accès à l'art.

Mais au-delà d'être porteur de multiples sens, cet objet est tout simplement beau, au sens le plus courant du terme. Je suis personnellement reconnaissant envers Martha Hanna de l'avoir inclus dans sa magnifique exposition et je lui rends ici hommage pour la sensibilité qu'elle a manifestée à l'égard de l'importante artiste qu'est Angela Grauerholz et de tous les autres sur lesquels elle a attiré notre attention au fil des ans. Comme vous pouvez l'imaginer, bien que je n'aie pas participé à la planification de cette exposition, j'en suis un spectateur privilégié envahi par de grandes émotions. Heureusement, ma gratitude envers la commissaire est égale à mon admiration pour l'artiste.

Marc Mayer
Directeur général, Musée des beaux-arts du Canada

ACKNOWLEDGEMENTS

The organization of a major solo exhibition such as *Angela Grauerholz: The inexhaustible image ... épuiser l'image* requires the time and goodwill of many individuals. I am very grateful to Angela Grauerholz for the openness with which she received the plans for the exhibition, for the generous sharing of materials and information about her works, and for her active part in the realization of the exhibition and catalogue. With the artist's vital input there ensued a creative act of collaboration.

We are indebted as well to the artist and to her gallery representation – Serge Vaisman at Art 45, Montreal, Olga Korper Gallery, Toronto, and Galerie Thomas Schulte, Berlin – for their assistance and for making available works for the exhibition. In addition to the prints in the collection of the Canadian Museum of Contemporary Photography and the National Gallery of Canada, major art galleries in Canada have generously lent several photographs in their collections to the exhibition. I would like to thank the Art Gallery of Ontario, Toronto, Musée d'art contemporain de Montréal, Montreal, and the Musée national des beaux-arts du Québec, Quebec. We are particularly thankful to lenders Paul Pape and Gillian Lansdowne, Toronto, Pamela Bryant and Jack Darville, Toronto, Collection of David A. Dorsky and Helaine Posner, New York, and a private collector in Berlin, who have agreed to share their works with the public.

Along with the exhibition, the catalogue is a great source of pride and serves to extend the work of Angela Grauerholz beyond the gallery. I am grateful to the authors and deeply appreciate their contributions: Olivier Asselin, Associate Professor, Department of Art History and Film Studies, Université de Montréal, for his thoughtful and stimulating essay *Photographing after the Fire: Archive and Fiction in the Work of Angela Grauerholz,* and Marnie Fleming, Curator of Contemporary Art, Oakville Galleries, for permission to reprint the enlightening text *Putting the Past in Order.* The catalogue is a work of art in itself, and special thanks go to designer Réjean Myette and his team at Fugazi. In preparing the images for reproduction, Noémie da Silva was instrumental. At the National Gallery, the catalogue production was led by Serge Thériault along with his expert staff, Anne Tessier, Production Manager, and Editors Caroline Wetherilt and Mylène Des Cheneaux. Thanks are also due to translators Danielle Chaput and Judith Terry.

All employees of the Canadian Museum of Contemporary Photography and the National Gallery of Canada worked toward bringing the exhibition to fruition. I would like to thank in particular Curatorial Assistant Jonathan Newman, Conservator John McElhone, and Exhibitions and Installations staff Julie Hodgson, Kristin Rothschild, Christine Sadler, David Bosschaart and Gabriel Jones for their commitment and support of the exhibition.

Martha Hanna
Director, Canadian Museum of Contemporary Photography

REMERCIEMENTS

L'organisation d'une grande exposition solo comme *Angela Grauerholz: The inexhaustible image ... épuiser l'image* prend du temps et fait appel à la bonne volonté de nombreuses personnes. Je suis très reconnaissante envers Angela Grauerholz de sa réceptivité à notre projet, de la générosité avec laquelle elle a partagé l'information sur ses œuvres et de la part active qu'elle a prise à la réalisation de l'exposition et du catalogue. Sans cet apport essentiel, nous n'aurions pu parvenir à une aussi créative collaboration.

Nous sommes également redevables à l'artiste et à ses représentants – Serge Vaisman chez Art 45 à Montréal, la Olga Korper Gallery à Toronto et la Galerie Thomas Schulte à Berlin – de leur aide et du soin avec lequel ils ont mis les œuvres à notre disposition. Aux photographies qui se trouvaient déjà dans les collections du Musée canadien de la photographie contemporaine et du Musée des beaux-arts du Canada, de grands musées canadiens ont généreusement ajouté les leurs. Je remercie le Musée des beaux-arts de l'Ontario à Toronto, le Musée d'art contemporain de Montréal et le Musée national des beaux-arts du Québec. Notre gratitude va aussi aux prêteurs Paul Pape et Gillian Lansdowne, de Toronto, ainsi qu'à Pamela Bryant et Jack Darville, Toronto, à la collection de David A. Dorsky et Helaine Posner, New York et à un collectionneur particulier de Berlin, qui ont accepté de montrer leurs trésors au public.

Le catalogue accompagnant l'exposition, précieux outil d'information sur le travail d'Angela Grauerholz, est aussi pour nous une source de fierté. Que les auteurs sachent combien j'apprécie leur contribution : Olivier Asselin, professeur agrégé au Département d'histoire de l'art et d'études cinématographiques de l'Université de Montréal, qui a rédigé le stimulant essai *Photographier après l'incendie. L'archive et la fiction dans le travail d'Angela Grauerholz;* Marnie Fleming, conservatrice en art contemporain à Oakville Galleries, qui nous ont permis de reproduire (et de traduire pour la version française) le texte éclairant *Mettre le passé en ordre.* Le catalogue est en lui-même une œuvre d'art que nous devons au concepteur graphique Réjean Myette, de Fugazi, et à son équipe. Noémie da Silva a participé à la préparation des images pour la reproduction. La publication du catalogue a été assurée, sous la direction de Serge Thériault, par l'équipe experte du Musée des beaux-arts, soit Anne Tessier à la production, ainsi que Caroline Wetherilt et Mylène Des Cheneaux à la révision. Nous remercions également les traductrices Danielle Chaput et Judith Terry.

Tous les employés du Musée canadien de la photographie contemporaine et du Musée des beaux-arts du Canada ont veillé à ce que cette exposition se concrétise. J'aimerais remercier spécialement l'adjoint à la conservation Jonathan Newman, le restaurateur John McElhone ainsi que l'équipe des Expositions et Installations – Julie Hodgson, Kristin Rothschild, Christine Sadler, David Bosschaart et Gabriel Jones – de leur dévouement et de leur soutien.

Martha Hanna
Directrice, Musée canadien de la photographie contemporaine

Martha Hanna

Collective Images / Imaging Collections

Form is always ideological.

Sergei Eisenstein, 1932[1]

*World-view and self-image
are indissolubly intertwined
with each other.*

Christoph Wulf, 1989[2]

Angela Grauerholz's installation *Reading Room for the Working Artist* (2003–04), which she modelled after Alexander Rodchenko's 1925 reading room of the *USSR Workers' Club*, presents in twelve artist's books a collection of visual and textual references drawn from her personal archive. With such diverse titles as *Vorbilder* (models), *Flâneuse*, *Untitled* (Courting Death) and *Untitled* (circular), the books, and the work as a whole, speak to the associative array of influences that can be brought to bear on contemporary art and photography, in general, and on Grauerholz's own work, in particular. Reflecting on the thematic considerations of this installation, this exhibition highlights Grauerholz's photographic career over the past twenty-five years. Developed around select "iconic" photographs and installations, the exhibition addresses both her pictorial and conceptual aspirations. Issues intrinsic to the photographic medium, such as time and memory, are explored along with ideas relating to the archive, representation and imagination.

Grauerholz's portraits of women from 1984 and 1985 set the tone for her innovative photographic approach and personalized view.[3] In these photographs, she positions herself as a woman artist and a photographer. The portraits of young women, most of whom are from Canada's artistic milieu, can be seen to represent Grauerholz herself and her artistic ambition. As Cheryl Simon points out in her

1 ____ Sergei Eisenstein, "In the Interest of Form," *Kino*, 12 November 1932. According to Yve-Alain Bois, Eisenstein wrote this "in response to charges of 'formalism' leveled against him." (Yve-Alain Bois, "El Lissitzky: Reading Lessons," Christian Hubert (trans.), *October*, no. 11 (Winter 1979), p. 118.)

2 ____ Christoph Wulf, "The Temporality of World-Views and Self-Images," in Dietmar Kamper and Christoph Wulf, eds., *Looking Back on the End of the World* (New York: Semiotext(e) Foreign Agent Series, Columbia University, 1989), quoted in *Angela Grauerholz: Reading Room for the Working Artist: Privation* (Houston: Blaffer Gallery, The Art Museum of the University of Houston, 2003), p. 12.

3 ____ Grauerholz produced a portfolio of 16 portraits of women in 1984/85. Each was 50.8 × 40.6 cm. In 1985, she enlarged the portfolio prints to 61 × 50.8 cm each. In 1990, she printed a final special edition of 10 of the portraits at 144.3 × 102 cm each, in an edition of 3.

illuminating discussion of the portraits, "Collectively, we see a profile of the author's fantasies as evidently as we see our own."[4]

Grauerholz was born in Hamburg, Germany, in 1952, and moved to Canada in 1976 to undertake graduate studies at Montreal's Concordia University, making the city her home. Following graduation with a Master's degree in photography, she became very involved in the art community as co-founder of Artexte, a centre for information on contemporary art, and as a graphic designer of art books and catalogues. She embarked upon her career as a photographic artist amidst a period of change, during which photography was impacted by a variety of influences, including feminism, conceptual art and, importantly, a range of theoretical perspectives.

In making these portraits of women, Grauerholz rejected the prevailing modernist photographic aesthetic that promoted realism (including sharp focus, detail and specificity of subject), which was so important in setting photography on its path as a fine art in its own right. Instead, she favoured an antithetical, spontaneous and subjective approach.[5] Due to their intimate nature, close-up in their viewpoint and relationship to the subject, the portraits have a casual air to them, like snapshots replicating the kind of blurriness you might get with camera movement in low light conditions[6] or by using a simple camera.[7] The subjects are not posed, but rather appear caught in the act of enjoying the company of others. Yet there is a celebrity grandeur to them, a visual intensity that sets them apart from ordinary portraits. The very purposeful representation of the work as a portrait series positions it in a lineage of typological portraits dating from the beginning of the twentieth century.[8] These include comprehensive projects such as August Sander's *Man of the Twentieth Century*, which aimed to document the German population according to type, and more selective portrait series like Alvin Langdon Coburn's *Men of Mark*, published as photogravures in 1913, and Man Ray's photomontage *Surrealist Chessboard* (1934). More recent typological portraits include works such as Gerhard Richter's *48 Portraits* (1972) and Arnaud Maggs' *48 Views* (1981–83), which represents the photographer's community of artists.

Such collections of photographs imply a reading of image to image, an invitation to look. Sander's full figure, and clearly delineated, photographs have been described as a "gateway to a labyrinth," in which the visual presence of the image stirs some memory or association.[9] Alternatively, Grauerholz's portraits, lacking Sander's revelation of detail, do not propose stories about the individuals they represent. Rather, the photographs act as signs, parts of a narrative implied through subject, style and presentation – archetypal images plucked from the visual unconscious.

Grauerholz's interest is not in the genre of the photographic portrait, but in the presence of women and women artists in art and photography. Dramatic in its rendering, her single portrait of *Raymonde* (1989), which focuses on the figural gesture of the hand and the delicately erotic mouth, chin and neck, makes a link between Raymonde April, a contemporary of Grauerholz, and the archetypal image of such personages as French author Colette. April's own work of the period explores fictional self-representation through words and images. Both consumers of photographic history and participants in the postmodern deconstruction of photographic realism, Grauerholz and April sought to explore the mythic quality of the portrait. Emerging in their photographic works was the desire to make visible subjectivity and psychological reflection – a concern that has traditionally been associated with women artists. For instance, the psychoanalyst's couch figures in Grauerholz's 1989 print *Interior* and in the work of other female artists, notably Sorel Cohen.[10] Their images extend metaphorically in their self-analytical impulse to women as both subjects and authors of artworks. Cohen is both the author and model in her series *An Extended and Continuous Metaphor* (1983–86). According to Kitty Scott:

> By positioning and repositioning herself in the work, [Cohen] examined the discursive intersections of the female body, art history and the viewer's gaze, questioning not only the representation of the female body in artistic production but also the role of photography in the history of art.[11]

Their photographs of women incorporate the multiple perspectives of subject, artist and viewer.

As well as referencing Sigmund Freud's couch as it applies to self-analysis, Grauerholz's 1988 work *Sofa*, with its shapely form, embodies a number of historical antecedents that involve the female reclining figure as the subject of the artist's and the

4 ____ Cheryl Simon, "The Déjà Vu of Angela Grauerholz," *Vanguard*, vol. 15, no. 2 (April/May 1986), p. 29.

5 ____ See Ibid., pp. 27–29, for an analysis of Grauerholz's portraits as finding a place between subjectivity and objectivity.

6 ____ Angela Grauerholz, "Time in its passage, but not time past...," talk given at the Art Gallery of Southwestern Manitoba, Brandon, 14 March 1998, for "Transition, Memory and Loss: A Symposium on Contemporary Photography," paper provided by the artist, p. 2.

7 ____ Although she used a medium-format, professional high-quality camera and lense, Grauerholz has said that she likes the image quality of such simple cameras as the Kodak Brownie Hawkeye.

8 ____ For a concise history of collections of photographic portraits, see Pierre Vaisse, "Portrait of Society: The anonymous and the famous," in Michel Frizot, ed., *A New History of Photography* (Cologne: Könemann, 1998), pp. 494–513.

9 ____ Liz Heron, in her review of Richard Powers' novel *Three Farmers on their Way to a Dance*, based on one of Sander's well-known portraits, writes how the photograph becomes the launching point "linking past and present, memory, association and the great events of the century – through the imagined details of the farmers' lives." (Liz Heron, "Gateway to a Labyrinth," in Liz Heron and Val Williams, eds., *Illuminations: Women Writing on Photography from the 1850s to the Present* (Durham: Duke University Press, 1996), p. 458.)

10 ____ Sorel Cohen's 1996 work *The Body that Talks* makes overt reference to Sigmund Freud's couch.

11 ____ Kitty Scott, "Focus: On Sorel Cohen," *Canadian Art*, Summer 1989, p. 85.

viewer's gaze. Notably, these include David's *Madame Récamier* (1800), Ingres' *Grande Odalisque* (1814), Goya's *The Nude Maja* (1797–1800) and Manet's *Olympia* (1863). Grauerholz empties her image of the figural presence, leaving only the referent, thereby charging the image with collective memory.[12] The "gaze" interrupted becomes that of the female artist herself, who, in self-reflection, simultaneously takes the role of the viewer.

While the photograph *Sofa* assumes more than what appears, when considered within Grauerholz's feminist interests it also retains the banal objectivity of its subject, a stylistically modern piece of furniture. The standing ashtray beside the couch, the kind designed for group rather than personal use, helps locate the objects in time and space to a "waiting room" in a modern office or apartment building. While the photograph's content speaks to a time past, the work also refers to the physical space of time passing. As Penny Cousineau-Levine writes:

> Angela Grauerholz has spoken of her photographs as a "moment of waiting, this in-between space," and the haziness of many of her ostensibly documentary images, like that of persons waiting on a train platform in the 1989 *Harrison*, or circling aimlessly in *Crowd* … situates them in a zone that is somewhere between consciousness and unconsciousness, between memory, or the dregs of a dream, and the present moment.[13]

The idea of "waiting" is analogous to the photographic act in which the passage of time is held. Grauerholz's single photographs seek to exist between "stasis and narrative."[14] The blurriness, or indecisiveness, of the image's resolution itself contributes to open up a sense of time and acts as a means of slowing down the photographic moment. This prolongs the viewer's experience of the work and introduces a space for thought into the image.[15] Whether through the thick atmosphere of her black-and-white images, the veiling that results from the camera's movement, or the monochromatic sepia hue of her colour prints, Grauerholz also calls attention to the surface of her images, creating a screen that prevents the viewer from entering too far into the image's pictorial content. While reflecting the real, this screen also represents a site of imagination and possibility as well as the sight upon which viewers project their own ideas and memories.

In her works from the 1980s, Grauerholz reveals her perspective not only as a woman artist but as an immigrant, between two different worlds, with a desire to negotiate a path through that experience. *Window* (1988) features two standing figures seen from behind and looking out a window. The image is reminiscent of works by the German Romantic landscape painter Caspar David Friedrich, who frequently represented his figures from behind; "dark figures seen from the back, standing in a moonlit landscape or at a window, are also the expression of that Romantic yearning to embrace the universe."[16] Rather than looking out towards a landscape, Grauerholz's figures face whiteness, the unforeseeable backdrop of the future, open to the imagination. As Lesley Brock says of Grauerholz's similarly composed work *La conductrice* (1992), "The blinding light coming in the front window, through which the driver and the viewer look, is so bright that our vision is totally obscured and we can only imagine what might lie ahead as we drive into this 'tunnel of light.'"[17] Grauerholz states that the Romantic philosophy of "loss, longing and the sublime,"[18] fundamental to German culture, encompasses what she was looking for in her work. In his discussion of her photograph *Basel* (1986), Mark Cheetham writes about how Grauerholz manages to show "time in space," and in doing so effects a contemporary replication of the sublime that becomes "a self-transforming discourse."[19]

In the late 1980s, Grauerholz began a journey, which she recorded photographically and through which she invited the viewer to travel with her. We see what she sees: the view of the streetcar conductor from the back, looking out the front window to an undetermined destination in *La conductrice*. We look across the train station platform in *Harrison* (1989) to other travellers, also embarking on a journey. In *Crowd* (1988), we stand, milling around amongst others, heads lifted in expectation, waiting. We are perhaps at our most visually aware and open to new experiences during travel. In the history of photography, others, notably photographer Robert Frank, have explored the knowledge to be gained through the unconscious expression of photographing what you see, what is worthy of your attention. There is a strong relationship between photography and its role in note taking as part of psychological self-reflection. The recording of experience informs the author's own ideas and feelings and offers the viewers of the photographic references a semblance of the experience and of the maker's thoughts and perspectives at the time. For Grauerholz, the images taken in the different places

12 —— My imaginative reading of Grauerholz's *Sofa* responds both to the elusiveness of the image and to the feminist and psychological context within which she made the work. The photograph, with its lack of detail and context, is open to interpretation. In her publication *Scissors, Paper, Stone*, Martha Langford writes that, "Draining a photograph of drama incites a dramatic response; as spectators, we infill." (Martha Langford, *Scissors, Paper, Stone: Expressions of Memory in Contemporary Photographic Art* (Montreal and Kingston: McGill-Queen's University Press, 2007), p. 100.)

13 —— Penny Cousineau-Levine, *Faking Death: Canadian Art Photography and the Canadian Imagination* (Montreal and Kingston: McGill-Queen's University Press, 2003), p. 169.

14 —— In his discussion of the work of August Sander, George Baker conceived of photographic meaning as "torn between narrativity and stasis." ("Photography between Narrativity and Stasis: August Sander, Degeneration, and the Decay of the Portrait," *October*, no. 76 (Spring 1996), pp. 72–113.)

15 —— Angela Grauerholz, talk given at The Ottawa Art Gallery, 4 May 2007.

16 —— Fritz Novotny, *Painting and Sculpture in Europe, 1780 to 1880* (Harmondsworth, Middlesex: Penguin Books [1960] 1970), p. 55.

17 —— Lesley Brock, "Boxing Time: Landscape Feminism and The Archive in Selected Works by Angela Grauerholz," thesis, Department of Art History, Concordia University, Montreal, March 2004, p. 29.

18 —— Ibid., p. 3.

19 —— Mark A. Cheetham with Linda Hutcheon, *Remembering Postmodernism: Trends in Recent Canadian Art* (Toronto: Oxford University Press, 1991), p. 63. "To use Peter de Bolla's distinction, Grauerholz's is not so much a discourse *on* the sublime – its historical manifestations – as a discourse *of* the sublime, 'which produces, from within itself, what is habitually termed the category of the sublime and in doing so ... becomes a self-transforming discourse.'" (Peter de Bolla, *The Discourse of the Sublime: Readings in History, Aesthetics and the Subject* (Oxford: Basil Blackwell, 1989), p. 12.)

she has visited are notations, triggered and realized by their relationship to memory, recognition and significance. Through her thematic choices, we can begin to make other ideological connections in her work.

The German literary critic Walter Benjamin (1892–1940) became a very important influence and theoretical source for Grauerholz. She was introduced to his ideas through English translations of his writings, which had found resurgence with the theoretical interest in photography in the latter part of the twentieth century. Benjamin wrote that it is through photography that "one first learns of [the] optical unconscious, just as one learns of the drives of the unconscious through psychoanalysis."[20] He promoted drawing on the evidence of our daily surroundings as a knowledge base and using photography to arrive at conscious thought.

A number of Grauerholz's iconic works of the late 1980s and early 1990s act as touchstones for Benjamin's ideas. Through her work as a designer and her previous studies in literature and linguistics at the University of Hamburg, Grauerholz was primed to engage in contemporary photography's critical discourse. The subjects of a number of her photographs and her preoccupation with concepts of time and space echo Benjamin's thoughts about the modern era. He believed the newly engineered buildings, constructed for a mass culture, to be "connected with transitoriness in both the spatial sense (as railroad stations, places of transit) and the temporal one (as galleries for world expositions, typically torn down after they closed)."[21]

The prints *Harrison* and *Chemin de fer* (1994) speak of this transitory nature. Others, such as *Crowd* and *The Island* (1997), further the collective experience in the state of waiting. *Les Invalides* (1989) reiterates the interest in Paris' public gardens as pictured so often during the twentieth century, as well as a modernist aesthetic. The Eiffel Tower, which appears in the distance in the work, signified a philosophical construct for Benjamin, in which the architectural fragments in a montage-like fashion work together to support the structural whole.[22] Through experience, Grauerholz discovered relevance in this idea; the disparate images she collected together find new meaning, and interpretation can be stimulated by their juxtaposition. She uses her images as allegorical stimuli to trigger the collective memory of viewers, which, according to Benjamin, settled in unconscious form, in the collective imagination.[23]

In 1992, Grauerholz was invited to participate in the international contemporary art exhibition *documenta IX* in Kassel, Germany, and chose to exhibit her work in the Neue Galerie's collection of nineteenth-century painting. There, she replaced choice paintings within the permanent collection with her own photographs. With the interjection of her prints into the installation of historic works, Grauerholz intended to pose comparisons and to stimulate the viewers' intellectual participation in the unusual co-habiting of photography and painting. She comments:

> Historical order and harmonious juxtapositions are what we have come to expect in a museum. My intention was to subvert this dulling of the art and open up a space for any kind of temporal shifting and questioning … I wanted to create an experience of the work in its entirety without neglecting the individual image and that the coherence between the single works is always given by the context.[24]

For her next major work, Grauerholz was invited to produce a work in situ at the Domaine de Kerguéhennec in Brittany, France, which comprises a historic château, a contemporary sculpture park and galleries. The site of a castle and the history inherent in such a place suggested an imaginative presentation, and she chose the literary form of a gothic narrative to contextualize her imagery. *Secrets, a gothic tale* (1993–95) tells of a female photographer from the late nineteenth century, a resident of the castle, who wanders the grounds obsessively photographing the natural surroundings. Through the photographs, the gradual deterioration of the protagonist's mental health becomes apparent, and, as the story goes, the woman eventually drowns herself in the lake.[25] The photographs, which propose the allegorical narrative, were organized and presented in "portfolio cases and folders" and placed in the drawers of the castle's library, the location Grauerholz deemed the most appropriate to house a narrative.[26]

Grauerholz considers this work the first of a trilogy through which she examines ideas relating to collections and the structures of the institutions that house them, such as the art museum. She writes:

> I have shifted my attention from wall works, the single image, to the "collection" of images in the form of archives or *fonds photographiques*. This de-emphasizing of the single image enables me to work with, and possibly order, the accumulation of images I have amassed over the years. I am now engaged in a kind of re-evaluation of the past towards another form of image, another form of composite image.[27]

20 —— "Walter Benjamin's 'Short History of Photography'," Phil Patton, trans., *Artforum*, vol. XV, no. 6 (February 1977), p. 47. Cited by Angela Grauerholz, "Time in its passage, but not time past…," p. 2.

21 —— Susan Buck-Morss, *The Dialectics of Seeing: Walter Benjamin and the Arcades Project* (Cambridge, MA: The MIT Press, [1989] 1991), p. 130.

22 —— Ibid., p. 74.

23 —— Ibid., pp. 255–256: "the producers of the modern 'collective' imagination were, as [Benjamin's] *Passagen-Werk* exposé emphasizes, photographers, graphic artists, industrial designers, and engineers – and those artists and architects who learned from them."

24 —— Grauerholz, "Time in its passage, but not time past…," p. 6.

25 —— Ibid., p. 7, and Angela Grauerholz, *Aporia: a book of landscapes* (Oakville: Oakville Galleries, 1995), n.p.

26 —— Angela Grauerholz, in conversation with the author, 25 September 2009. Select works were later enlarged and hung in the castle's reception room.

27 —— Ibid.

For her next works, she proceeded like her fictional character to obsessively photograph the natural environment. She took ownership of the landscape photographs, bringing them out of the library where they had been placed in *Secrets, a gothic tale* and into contemporary times – into the gallery.

Photography's introduction into the collections of major art galleries for other than practical concerns is relatively recent. Only when the medium gained greater public recognition as an art form during the twentieth century did major galleries begin to collect photographs. The work *Églogue ou Filling the Landscape* (1995) proposes how Grauerholz's personal collection might be housed in a modernist sense within a twentieth-century contemporary art gallery. The photographs are held in a sculptural, transparent Plexiglas cabinet, which is wheeled into the gallery space. The six drawers of the cabinet hold 27 archival boxes that contain a total of 216 photographs. Access to the images is dependent upon the assistance of gallery personnel. In her catalogue text "Putting the Past in Order," Marnie Fleming discusses the work in detail and the theoretical implications of photography's presence in the museum.

About her work *Églogue*, Grauerholz refers to Douglas Crimp's book, *On the Museum's Ruins*, in which he discusses the implications of photography's museum presence:

> It [he refers to his title essay] proposes that the modern epistemology of art is a function of art's seclusion in the museum, where art was made to appear autonomous, alienated, something apart, referring only to its own internal history and dynamics. As an instrument of art's reproduction, photography extended this idealism of art to a broader discursive dimension, an *imaginary* museum, a history of art. Photography itself, though, was excluded from the museum and art history because, virtually of necessity, it points to a world outside itself. Thus, when photography is allowed entrance to the museum as an art among others, the museum's epistemological coherence collapses. The "world outside" is allowed in, and art's autonomy is revealed as a fiction, a construction of the museum.[28]

In limiting access to her images, Grauerholz places her photographs in the same rarefied context of the modern artworks to which Crimp refers. She says:

> …I also tried to make a case for the fact – and here I see a direct reference to the *documenta* intervention – for photography's own endangerment to become exclusive and self-referential. Like painting, photography, "alienated itself, asserted its material uniqueness and became hermetic and difficult." Like painting, "it referred only to itself – 'itself' indicating both its material essence and the self-enclosed history of the medium." [Douglas Crimp] It needed to transcend its materiality over again to become human, autonomous and authentic.[29]

The final work of Grauerholz's trilogy is an artist's book, *Aporia: a book of land-scapes* (1995). In the first work of the trilogy, *Secrets, a gothic tale*, the landscapes were assembled to tell a story and were housed in the library at Kerguéhennec. In the second part, *Églogue ou Filling the Landscape*, the artist's photographs were presented as a personal collection within the context of an institution and were accessible to public view only during prescribed visits. In part three, *Aporia*, Grauerholz still orchestrated her material through its format as a book; nevertheless, the publication opened up the collection of images, albeit in reproduction, to the leisure of the viewer. Many of Grauerholz's views, virtually unattainable in *Églogue*, were recycled for use in this book. As an artistic construction, the landscape in the trilogy serves to concretize space for contemplation, whether one is immersed in the environment, as is the fictional nineteenth-century character in *Secrets*, or "entering" and "leaving" the landscape, as is our shared experience of *Aporia*.[30]

For her 1998 work *Sententia I – LXII*, Grauerholz returned to the experience of the museum space and collections. Significantly, this work departed from the reserved viewing necessary to see the prints that were part of *Églogue ou Filling the Landscape*. The installation consists of a cabinet approximately 2 metres high, 1 metre wide and 2.3 metres long. Grauerholz designed the object to have the appearance of a traditional museum cabinet, but also to reflect the scale and look of a mausoleum. The cabinet houses 31 vertical frames containing 62 photographs that can be pulled out for viewing. As Grauerholz describes the *Sententia* work, each frame includes on one side (the odd-numbered images, *Sententia No. I, III*, etc) a reference to the idea of "passage" (in space and time) through depictions of doorways, window frames, etc, and on the other side (the even-numbered images) views "looking in or out, views that one sees beyond the frame."[31] Each photograph may be looked at one by one, in order or out of order, their reading structured as one might approach a book, with which, as a designer of books, she is intimately familiar.

In a similar way to the *documenta IX* installation, *Sententia* focuses attention on how we negotiate the artwork in a museum and on the "self-conscious … act of look-ing."[32] The passageways pictured in this work have replaced the act of travelling of her earlier works, transforming the physical experience of the world to the imaginary engagement through images. The work animates the dialectics of vision as a psycho-logical passage that reflects the museum and the viewers' engagement of passing through

28 ___ Douglas Crimp, *On the Museum's Ruins* (Cambridge, MA: The MIT Press, 1993), pp. 13–14.

29 ___ Grauerholz, "Time in its passage, but not time past…," pp. 9–10.

30 ___ Grauerholz emphasized landscape as a spatial construct that one enters and leaves by reproducing *Entering the Landscape* and *Leaving the Landscape*, in 1996, photographic portfolios included in the installation *Églogue ou Filling the Landscape*.

31 ___ Grauerholz, "Time in its passage, but not time past…," p. 11.

32 ___ Richard Rhodes, "Reviews: Documenta IX," *Canadian Art*, Fall 1992, p. 88.

culture, history and experience with the resulting accumulation of knowledge and meaning. Grauerholz considers the work "a model for describing transition, a work that serves as its own physical metaphor for what it is about."[33]

Earlier references to books as collections appear in some of Grauerholz's single prints, such as *Le bureau* (1993) and *La bibliothèque* (1992), and in the 2001 series of prints *Privation*. This series originated in Grauerholz's commemoration of her and her husband's library, which was destroyed by a fire in their apartment in 1999. Grauerholz salvaged about 1,000 books and fragments from the ashes and created 600 images by scanning the front and back of 300 select books on a high-resolution flatbed scanner.[34] Differing in process from her earlier photographs, they are documents – precise digital scans of the books' covers and in full colour. They can be read simply as expressions of form, flat colour-fields or sculptural objects, like raku pottery, as they have been described,[35] or, symbolically, as memorials for the ideas generated by their former existence. Of the formal characteristics, the same can be said as one examines the pictorial range of Grauerholz's photographic imagery from her large silver gelatin prints, such as the 1995 print *Disparition*, in which the figure dissolves into the patterned foliage of the landscape, or her more recent diptych from 2004, in which *White Figures I* references the all-over composition of a painterly tradition. By contrast, *White Figures II* elaborates the three-dimensional perspective of sculptural form.

In content, the *Privation* series offers the possibility of innumerable readings depending on different juxtapositions of the prints or the creation of sub-series. The nine prints selected for this exhibition are intended to show the formal range of the series. The titles chosen focus on subjects pertinent to the visual arts, photography and technological change. The assemblage of the whole series as a limited edition publication reveals Grauerholz's own reading of the work and her privation or loss. The books, or tomes, are also tombs in her work, representing time past and time stilled through their photographic reproduction. *Privation* furthers Grauerholz's concern of articulating a path through her personal archive. As a collection, the personal library represents the interests and ideologies of the collectors.

Grauerholz expanded the representation of her personal collections in *Reading Room for the Working Artist* (2003–04). As mentioned previously, she based the work on Rodchenko's reading room of the *USSR Workers' Club*, which he conceived in 1925 for *L'exposition internationale des Arts décoratifs et industriels modernes* in Paris and which she knew from a photograph. Developed as a means to accommodate an archive and artist's books as a central component,[36] Grauerholz's installation creates an environment for reference. It includes reading tables and chairs, twelve artist's books, a chess table/chairs, a collection of books and facsimilies, and a film/collage.

She found the historical model useful for the presentation of archival material in books, which can be expanded and adaptable to various exhibition spaces.[37] In the work, she records the multitude of intellectual sources that have stimulated her creatively. The books, categorized seemingly arbitrarily – perhaps defined by the size of the files of her collected ephemera or critical to her own subject interests – are currently titled as follows: *Vorbilder* (models), *Epiphytes*, *Familiaris*, *Orgueilleux*, *Flâneuse*, *Il neige au soleil*, *Washed Water*, *Zootomie*, *Untitled* (Artists regrouping), *Untitled* (circular), *Untitled* (Silence) and *Untitled* (Courting Death).

The work is an artistic construction that encompasses a broad range of concerns, ideas, innovations and artistic expression from different fields – for instance, advancements in science and technology – and emphasizes creativity and the genesis of new thought. The book *Orgueilleux*, for example, includes photographic documentation and texts about individual achievements, such as Vladimir Tatlin's machine for human flight, *Letatlin* (1929–31), that he developed and built during the course of investigating the plastic arts. It too was an "artistic construction."[38] Within each book is an array of visual imagery and texts, and excerpts from a variety of sources. *Untitled* (Courting Death) includes references to the writing of Emily Dickinson and Jacques Derrida's *The Work of Mourning*. Grauerholz has described books as mental working spaces – the best place to develop ideas.[39] The book *Familiaris* speaks to the idea of place and space, and to the dialectics of vision – inside/outside – that were central to her work *Sententia I – LXII*. In *Familiaris*, she reflects upon the impact of space, how the comfort of place encourages a sense of self.[40] A number of the photographs are her own and appear in the *Sententia* installation; of the reproductions of interiors, many focus on artists' studios. The book *Vorbilder*, which may be read as analogous to the *Reading Room* installation itself and which includes models for conceptual and visual form, references Rodchenko and other

33 —— Marc Mayer, "Angela Grauerholz: *Sententia I – LXII* and *Schriftbilder*," *Members' Quarterly Newsletter*, The Power Plant, Toronto, Winter 2000, n.p.

34 —— Ann Thomas, justification for purchase of *Privation Nos. 181 (back), 55 (back), 8 (front)*, 3 December 2002, National Gallery of Canada file.

35 —— Gallery owner Olga Korper in discussion with Gary Michael Dault, "Photographs rise from the ashes," *The Globe and Mail*, Saturday 6 October 2001.

36 —— Angela Grauerholz, "The Painterly and the Bookish History and Context," talk given at The Montreal Museum of Fine Arts, 22 October 2006, paper provided by the artist, p. 1.

37 —— Ibid.

38 —— Connecting the arts with life experience, in her book *Orgueilleux, Reading Room for the Working Artist* (2003–04) Grauerholz includes text by Christina Lodder. Lodder references Tatlin as declaring the air bicycle as an "artistic construction." She compares the ideas and principles of Tatlin's work to the design activity of Petr Miturich, who looked to Aleksandr Khlebnikov's ideas, and sixth sense, a "feeling for the world" fundamental for the creative process in the arts and sciences for transcending normal perception, that is, that the connection between art and science is via natural phenomena. (Christina Lodder, *Russian Constructivism* (New Haven and London: Yale University Press, 1983).)

39 —— Angela Grauerholz, quoted by Isa Tousignant, "Pageturner: Angela Grauerholz invites us into the depths of her creative process," *Hour*, 23 February 2006, p. 21.

40 —— Angela Grauerholz, in conversation with the author, 25 September 2009.

artists and writers whose artistic and photographic concepts support Grauerholz's own collection interests, among them: Marcel Duchamp (*The Large Glass*), Aby Warburg (*Mnemosyne Atlas*), Walter Benjamin (*Passagen-Werk*), Charles Baudelaire (*Les fleurs du mal*), André Malraux (*Le Musée imaginaire*), Andy Warhol (*Time Capsules*), Gerhard Richter (*Atlas*), Chris Marker (*Immemory*), and Kurt Schwitters (*Merzbau*).

The film in the *Reading Room* installation stitches together pieces of film, video and still images from a variety of sources to produce a visual flow that touches upon some of life's sequences. It is through this film that Grauerholz creates entry points for her more recent web work. Based on the *Reading Room* archive and reflecting on the thematic considerations of this installation, the interactive website *www.atworkandplay.ca* (2008) offers visitors the opportunity to follow their own connective path through her vast image archive. It comprises an archive of more than 4,000 documents that may be interpreted as a history of modernism,[41] yet, her selective interpretation clearly defines her postmodern roots.[42] The website was launched at VOX, Contemporary Image Centre, Montreal, in 2009.

In this work, Grauerholz leaves the physical structure of the installation and the institutional gallery space altogether and engages the viewer to actively immerse themselves in the artistic experience through a virtual exploration of her various resources. The path that the visitor takes through the site is automatically recorded in linear shape and time on the screen. At the end of the virtual experience, upon the request of the visitor, each path is spatially constructed in an isometric drawing. The drawing structures the virtual space in an architectural form where every memory point has a physical space, creating a "memory palace," which serves as a mnemonic tool to represent the viewer's visit.

Grauerholz's artistic exploration was precipitated by photography, and issues the medium raises have remained fundamental to her work as a whole. These include photography's subjective representation of memory and loss, its use to capture and record unconscious thought, its reflection of the world *mise en abyme*, its suitability for a pluralistic interpretation, and its need for contextualization for intended meaning. Although not explored within the context of this catalogue, Grauerholz's interests extend to a broad range of art forms connecting the aesthetic framework of the Bauhaus to concepts of new technology. Hers is a transformative view of photography and of self, constructing meaning through experience and building her own memory palaces.

---

41 —— Vincent Bonin, "At Work and Play," *VOX image contemporaine: contemporary image*, no. 29 (January 2009).

42 —— In her thesis, "Boxing Time: Landscape Feminism and The Archive in Selected Works by Angela Grauerholz," Lesley Brock outlines the aspects that distinguish Grauerholz's work as postmodern. These include, "an ever-changing unfinished text in which multiple readings are possible," the viewer's role in the creation of meaning, appropriation, pastiche and opening up the work to a personal reading. (pp. 17, 19)

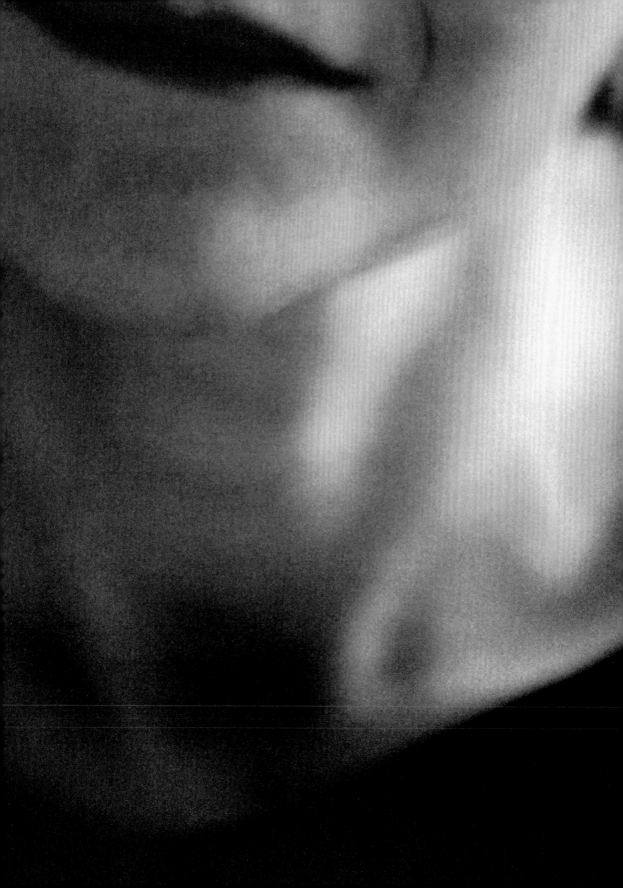

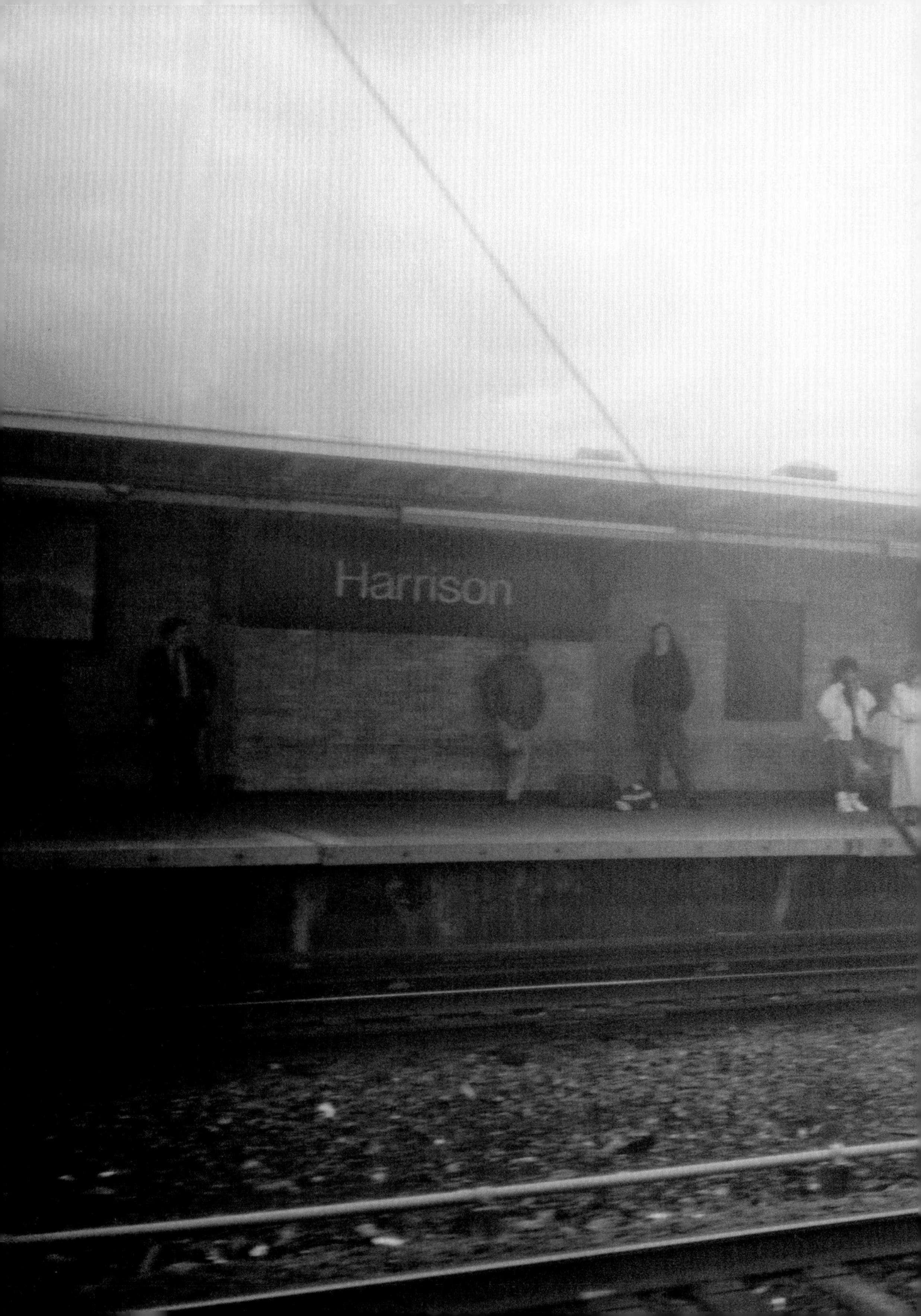
Harrison

Martha Hanna

Images collectives / Collections d'images

La forme est toujours idéologie.

Sergei Eisenstein, 1932 [1]

Conception du monde et image
de soi sont indissolublement liées.

Christoph Wulf, 1989 [2]

Dans *Reading Room for the Working Artist*, installation inspirée de la salle de lecture du *Club ouvrier de l'URSS* (1925) d'Aleksandr Rodchenko, Angela Grauerholz présentait, en 2003–2004, douze livres d'artiste dans lesquels étaient colligés des documents visuels et des textes tirés de ses archives personnelles. Leurs titres, aussi variés que *Vorbilder* (modèles), *Flâneuse*, *Sans titre* (Courting Death) et *Sans titre* (circular), évoquaient, comme d'ailleurs l'ensemble de l'installation, la gamme d'influences qui ont pu s'exercer sur son œuvre à elle, de même que sur l'art contemporain et la photographie en général. Nous revenons ici sur les vingt dernières années de la carrière de Grauerholz en tant que photographe à partir des thèmes mis en lumière par cette installation. Notre exposition se développe autour de certaines photographies et installations considérées comme emblématiques et rend compte des aspirations de l'artiste, tant sur le plan visuel que conceptuel. Elle explore des questions fondamentales en photographie, tels le temps et la mémoire, ainsi que des idées ayant trait à l'archivage, à la représentation et à l'imagination.

C'est avec ses portraits de femmes que, en 1984–1985, Grauerholz prend position en tant que femme artiste et photographe [3]. Déjà s'y profile une manière novatrice et fort personnelle d'aborder la photographie. On peut dire que ces portraits de jeunes femmes, du milieu artistique canadien pour la plupart, sont représentatifs de Grauerholz elle-même et de ses ambitions artistiques. Cheryl Simon souligne dans son éclairante

---

1 —— Sergueï Mikhaïlovitch Eisenstein, « Dans l'intérêt de la forme » (1932), dans *Au-delà des étoiles*, Paris, Union générale d'éditions, collection 10/18, 1974, p. 238–239.

2 —— Christoph Wulf, « The Temporality of World-Views and Self-Images », dans Dietmar Kamper et Christoph Wulf (dir.), *Looking Back on the End of the World*, New York, Semiotext(e) Foreign Agent Series, Columbia University, 1989, cité dans *Angela Grauerholz: Reading Room for the Working Artist: Privation*, Houston, Blaffer Gallery, The Art Museum of the University of Houston, 2003, p. 12.

3 —— En 1984–1985, Grauerholz a réuni dans un portfolio seize portraits de femmes, de 50,8 × 40,6 cm chacun. En 1985, elle en a tiré des agrandissements de 61 × 50,8 cm. En 1990, elle a fait un dernier tirage spécial de dix portraits, qu'elle a agrandis à 144,3 × 102 cm chacun et tirés en trois exemplaires.

discussion sur ces portraits que « les fantasmes de l'auteure apparaissent avec autant d'évidence que les nôtres »[4].

Née à Hambourg, en Allemagne, en 1952, Grauerholz arrive au Canada en 1976 pour poursuivre ses études à l'Université Concordia, faisant de Montréal sa ville d'adoption. Après l'obtention de sa maîtrise en photographie, elle s'implique dans la communauté artistique. Cofondatrice d'Artexte, centre d'information en art contemporain, elle travaille aussi comme graphiste et réalise la conception visuelle de livres d'art et de catalogues d'exposition. Au moment où elle entreprend sa carrière de photographe, la photographie est en plein changement, marquée par diverses influences, dont le féminisme et l'art conceptuel, période où sont également soulevées d'importantes questions théoriques.

Dans ses portraits de femmes, Grauerholz rejette l'esthétique moderniste dominante qui privilégie le réalisme (y compris la netteté de l'image, les détails et la spécificité du sujet) – cette esthétique qui avait été si importante pour la reconnaissance de la photographie en tant qu'art. Elle opte plutôt pour une approche antithétique, spontanée et subjective[5]. À cause de leur caractère intime, de l'utilisation du gros plan et du rapport de l'artiste à ses modèles, ces portraits ont un air décontracté; on dirait des instantanés reproduisant le genre de flou que l'on obtient quand l'appareil-photo bouge et que l'éclairage est faible[6], ou des photos prises avec un appareil non professionnel[7]. Les femmes ne posent pas, elles semblent avoir été captées dans un moment de détente en compagnie d'autres personnes. Il y a néanmoins dans ces portraits quelque chose de somptueux qui rappelle les photos de célébrités, une intensité visuelle qui les distingue des portraits ordinaires. Le fait même qu'ils soient présentés comme une série les place dans la lignée des portraits typologiques du début du xxᵉ siècle[8]. Mentionnons, par exemple, la somme photographique d'*Hommes du xxᵉ siècle* d'August Sander (qui se voulait un document sur les types sociaux de la population allemande), la série, moins ambitieuse, *Men of Mark* d'Alvin Langdon Coburn (publiée en photogravure en 1913), ou encore le photomontage de *L'échiquier surréaliste* (1934) de Man Ray. S'inscriraient plus tard dans cette même lignée les *48 Portraits* (1972) de Gerhard Richter, ainsi que les *48 Vues* (1981–1983) d'Arnaud Maggs, qui représentent la communauté artistique du photographe.

De telles séries proposent une lecture image par image; elles sont une invitation au regard. Les portraits en pied de Sander, bien définis, ont été décrits comme une « porte d'entrée vers un labyrinthe », où la présence visuelle de l'image remue des souvenirs, fait naître des associations d'idées[9]. Par ailleurs, les portraits de Grauerholz, beaucoup moins détaillés que ceux de Sander, ne proposent pas d'histoire sur les personnes représentées. Ils tiennent plutôt lieu de signes, passages d'un récit suggéré par le sujet, le style et la présentation – images archétypales extirpées de l'inconscient visuel.

Grauerholz ne s'intéresse pas au portrait photographique en tant que genre, mais à la présence des femmes, et des femmes artistes, en art et en photographie. Son portrait de *Raymonde* (1989), d'un rendu saisissant et qui fait ressortir le jeu des angles et le caractère délicatement érotique du menton et du cou, établit une association entre Raymonde April (une contemporaine de Grauerholz) et l'image archétypal de certains personnages comme l'écrivaine française Colette (telle qu'elle est représentée historiquement). Au moment où Grauerholz fait son portrait, April travaille elle aussi sur sa propre représentation fictive en mots et en images. Toutes deux passionnées par l'histoire de la photographie et adeptes de la déconstruction postmoderne du réalisme photographique, Grauerholz et April entreprennent d'explorer le côté mythique du portrait. Dans leurs œuvres transparaît alors le désir de rendre visibles la subjectivité et la dimension psychologique, préoccupations traditionnellement féminines en art, s'il en est. Par exemple, le divan du psychanalyste figure chez Grauerholz dans *Interior* (1989), tout comme chez plusieurs autres femmes artistes, notamment Sorel Cohen[10]. Leurs images s'étendent métaphoriquement, dans leur impulsion auto-analytique, aux femmes en tant que sujets et en tant qu'auteures d'œuvres d'art. Cohen est à la fois l'auteure et le modèle de sa série *Métaphore filée* (1983–1986). Kitty Scott explique :

> En se positionnant et se repositionnant elle-même à l'intérieur de l'œuvre, [Cohen] examine les intersections du discours sur le corps féminin, l'histoire de l'art et le regard du spectateur, questionnant non seulement la représentation du corps féminin dans la production artistique, mais aussi le rôle de la photographie dans l'histoire de l'art[11].

Dans leurs photographies de femmes, Grauerholz, April et Cohen incorporent les multiples points de vue du sujet, de l'artiste et du spectateur.

Outre qu'il fait allusion au divan psychanalytique de Sigmund Freud, le *Sofa* photographié par Grauerholz en 1988 évoque, par la joliesse même de sa forme, certains tableaux célèbres dans lesquels la femme allongée est l'objet du regard de l'artiste et du

---

4 ——— Cheryl Simon, « The Déjà Vu of Angela Grauerholz », *Vanguard*, vol. 15, n° 2 (avril–mai 1986), p. 29.

5 ——— Voir *ibid.*, p. 27–29, pour une analyse selon laquelle les portraits de Grauerholz se situent entre subjectivité et objectivité.

6 ——— Angela Grauerholz, « Time in its passage, but not time past... », causerie donnée à Montréal, mars 1998, texte fourni par l'artiste, p. 2.

7 ——— Quoiqu'elle ait utilisé un appareil et des objectifs de format moyen et de qualité professionnelle, Grauerholz dit aimer la qualité d'image que l'on obtient avec des appareils aussi simples que le Brownie Hawkeye.

8 ——— Pour une histoire concise des collections de portraits photographiques, voir Pierre Vaisse, « Portrait de société, anonymat et célébrité », dans Michel Frizot (dir.), *Nouvelle histoire de la photographie*, Paris, Bordas, 1994, p. 494–514.

9 ——— Dans son analyse du roman de Richard Powers, *Trois fermiers s'en vont au bal*, inspiré par la célèbre photographie éponyme d'August Sander, Liz Heron écrit que cette photographie devient, pour celui qui imagine les détails de la vie de ces fermiers, « la porte d'entrée vers un labyrinthe reliant passé et présent, mémoire, associations d'idées et événements marquants du siècle ». (Liz Heron, « Gateway to a Labyrinth », dans Liz Heron et Val Williams (dir.), *Illuminations: Women Writing on Photography from the 1850s to the Present*, Durham, Duke University Press, 1996, p. 458.)

10 ——— Dans son œuvre *The Body That Talks* (1996), Sorel Cohen fait ouvertement référence au divan de Sigmund Freud.

11 ——— Kitty Scott, « Focus: On Sorel Cohen », *Canadian Art*, été 1989, p. 85.

spectateur, du portrait de *Madame Récamier* (1800) par David à *Une Odalisque*, dites *La Grande Odalisque* (1814) d'Ingres, en passant par *La Maja nue* (1797–1800) de Goya à l'*Olympia* (1863) de Manet. Mais Grauerholz vide l'image de toute présence humaine, pour ne conserver que le référent (c'est-à-dire l'objet auquel renvoie le titre), laissant ainsi place à la mémoire collective[12]. Le « regard » interrompu devient celui de la femme artiste qui, par un effet de miroir, se fait simultanément spectatrice.

Quoique cette photographie en dit plus qu'il n'y paraît si l'on tient compte de l'intérêt de Grauerholz pour le féminisme, *Sofa* conserve néanmoins la banale objectivité de son sujet : un meuble de style moderne. Le cendrier sur pied posé devant (un cendrier conçu pour un usage plus collectif que personnel) aide à situer les objets dans le temps et l'espace, ceux d'une « salle d'attente » d'un immeuble à bureaux ou d'une conciergerie moderne. Si, par son contenu, la photographie évoque un temps passé, elle renvoie aussi à l'espace physique occupé par le temps qui passe. Ainsi que l'écrit Penny Cousineau-Levine :

> Angela Grauerholz a parlé de ses photographies comme d'un « moment d'attente, cet espace entre-deux », et le flou de beaucoup de ses soi-disant images documentaires, comme celles des gens attendant sur le quai d'une gare dans *Harrison* (1989) ou tournant en rond sans but dans *Crowd* (1989), les situe quelque part entre le conscient et l'inconscient, entre la mémoire, ou les profondeurs d'un rêve, et le moment présent[13].

L'idée d'« attente » s'apparente à l'acte photographique par lequel on arrête le flux du temps. Une à une, les photographies de Grauerholz cherchent à exister entre « la stase et le récit[14] ». Le flou, l'imprécision même de l'image, accentue l'impression de temps et ralentit le moment photographique. Cela prolonge, pour le spectateur, le temps de lecture et introduit dans l'image un espace propice à la réflexion[15]. Que ce soit au moyen de la dense atmosphère de ses photos en noir et blanc, du voile créé par le déplacement de l'appareil-photo, ou de la monochromie de ses épreuves couleur virées en sépia, Grauerholz attire l'attention sur la surface, produisant un écran qui empêche le spectateur de s'avancer trop loin à l'intérieur de la scène. Cet écran est à la fois un reflet du réel, un lieu d'imagination et de possibles, et la surface sur laquelle le spectateur projette ses propres pensées, ses propres souvenirs.

Dans ses œuvres des années 1980, Grauerholz révèle non seulement son point de vue de femme artiste, mais aussi son point de vue d'immigrante, entre deux mondes, aspirant à mettre à profit cette expérience pour trouver sa voie. *Window* (1988) présente deux personnes debout, vues de dos et regardant par une fenêtre. Cette photographie rappelle les peintures du paysagiste romantique allemand Caspar David Friedrich, qui a souvent représenté ses personnages de dos : « Les figures sombres vues de dos dans un paysage éclairé par la lune, ou à une fenêtre, sont aussi l'expression de cet ardent désir romantique d'embrasser l'univers[16]. » Mais au lieu d'un paysage, les personnages de Grauerholz ne voient que du blanc, imprévisible toile de fond de l'avenir sur laquelle l'imagination peut se projeter. À propos d'une œuvre de composition similaire, *La conductrice* (1992), Lesley Brock écrit : « La lumière traversant le pare-brise à travers lequel la conductrice et le spectateur regardent est si aveuglante que nous ne pouvons qu'imaginer ce qu'il y aura devant, sur la route, quand nous entrerons dans ce "tunnel de lumière"[17]. » Grauerholz explique que la philosophie romantique « de la perte, de la nostalgie et du sublime[18] », fondamentale dans la culture allemande, englobe ce qu'elle cherchait elle-même dans son œuvre. Dans sa discussion sur la photographie *Basel* (1986), Mark Cheetham explique comment Grauerholz réussit à montrer « le temps dans l'espace » et suggère que, ce faisant, elle effectue une réplique contemporaine du sublime qui devient un « discours autotransformateur »[19].

À la fin des années 1980, Grauerholz entreprend un voyage dont elle rendra compte dans ses photographies, nous invitant ainsi à l'accompagner. Nous voyons ce qu'elle voit : la conductrice du tramway (vue de dos) regardant par le pare-brise vers une destination inconnue (*La conductrice*); le quai d'une gare bondé de voyageurs, s'apprêtant comme nous à partir (*Harrison*, 1989). Dans *Crowd* (1988), nous nous mêlons à la foule, à ces gens debout qui, les yeux levés vers on ne sait quoi, attendent. C'est peut-être lorsque nous voyageons que nous sommes le plus conscients de ce qui se présente à nos yeux et le mieux disposés à vivre de nouvelles expériences. D'autres photographes, notamment Robert Frank, se sont déjà intéressés à ce que l'on apprend sur nous-mêmes en photographiant, au hasard, ce qui nous entoure, ce qui attire notre attention. La photographie est un moyen de prendre des notes, et elle peut devenir un précieux outil de réflexion sur soi. Les photos donnent forme à nos idées et émotions du moment et offrent à ceux qui les

---

12 —— Peu détaillée, privée de contexte, la photographie *Sofa* se prête à de multiples lectures. La mienne m'a été inspirée par son caractère déroutant, de même que par le climat psychologique et l'esprit féministe dans lesquels Grauerholz l'a réalisée. Dans *Scissors, Paper, Stone*, Martha Langford écrit que « vider une photographie de toute intrigue provoque une vive réaction; en tant que spectateurs, nous remplissons le vide ». (Martha Langford, *Scissors, Paper, Stone: Expressions of Memory in Contemporary Photographic Art*, Montréal et Kingston, McGill-Queen's University Press, 2007, p. 100).

13 —— Penny Cousineau-Levine, *Faking Death: Canadian Art Photography and the Canadian Imagination*, Montréal et Kingston, McGill-Queen's University Press, 2003, p. 169.

14 —— Dans sa discussion sur l'œuvre d'August Sander, George Baker conçoit le sens de la photographie comme étant « tiraillé entre narrativité et stase ». (George Baker, « Photography between Narrativity and Stasis: August Sander, Degeneration, and the Decay of the Portrait », *October*, n° 76 [printemps 1996], p. 72–113.)

15 —— Angela Grauerholz, causerie donnée à la Galerie d'art d'Ottawa, 4 mai 2007.

16 —— Fritz Novotny, *Painting and Sculpture in Europe, 1780 to 1880*, Harmondsworth (Middlesex), Penguin Books [1960], 1970, p. 55.

17 —— Lesley Brock, « Boxing Time: Landscape Feminism and The Archive in Selected Works by Angela Grauerholz », mémoire de maîtrise, département d'histoire de l'art, Université Concordia, Montréal, mars 2004, p. 29.

18 —— *Ibid.*, p. 3.

19 —— Mark A. Cheetham, en collaboration avec Linda Hutcheon, *Remembering Postmodernism: Trends in Recent Canadian Art*, Toronto, Oxford University Press, 1991, p. 63 : « Pour reprendre la distinction de Peter de Bolla (*The Discourse of the Sublime: Readings in History, Aesthetics and the Subject*, Oxford, Basil Blackwell, 1989, p. 12), le discours de Grauerholz n'est pas tant un discours sur le sublime – ses manifestations historiques – qu'un discours du sublime, "qui produit en lui-même ce qu'on appelle habituellement la catégorie du sublime et, ce faisant, [...] devient un discours autotransformateur" ».

voient un reflet de ceux-ci. Pour Grauerholz, les images des différents endroits qu'elle a visités sont des notes, prises et retenues, puisqu'elles rappellent; elles permettent de reconnaître ou elles signifient quelque chose. Grâce à ses choix thématiques, nous pouvons commencer à établir d'autres liens idéologiques dans son œuvre.

Le philosophe et critique allemand Walter Benjamin (1892–1940) a exercé une profonde influence sur Grauerholz et est devenu pour elle une source théorique. Grauerholz a pris connaissance de ses idées par la traduction anglaise de ses écrits – des écrits que le débat théorique sur la photographie remet en circulation dès la deuxième moitié du xxᵉ siècle. Benjamin, à qui l'on doit la notion d'inconscient optique, a écrit : «Cet inconscient optique, nous ne le découvrons qu'à travers elle [la photographie], comme l'inconscient des pulsions à travers la psychanalyse[20].» Benjamin affirmait qu'il fallût puiser dans ce qui nous entoure pour constituer une base de connaissances et se servir de la photographie pour arriver à la pensée consciente.

Un certain nombre d'œuvres emblématiques que Grauerholz réalise à la fin des années 1980 et au début des années 1990 lui permettent de vérifier les théories *benjaminiennes*. Par son travail de graphiste et ses études antérieures en littérature et en linguistique à l'Université de Hambourg, Grauerholz était bien préparée pour participer au discours critique sur la photographie. Les sujets de certaines de ses photos et son intérêt pour les notions de temps et d'espace font écho aux réflexions de Benjamin sur l'ère moderne. Benjamin estimait que les nouvelles constructions métalliques, érigées pour une culture de masse, étaient «liées au transitoire tant au sens spatial (comme les gares, lieux de transit) que temporel (comme les pavillons des expositions universelles voués, après leur fermeture, à la démolition)»[21].

Les photographies *Harrison* et *Chemin de fer* (1994) parlent de cette dimension transitoire des choses; d'autres, telles que *Crowd* et *The Island* (1996), explorent davantage le double thème de la foule et de l'attente. Avec *Les Invalides* (1989), Grauerholz réitère son intérêt pour les jardins publics parisiens si souvent photographiés au xxᵉ siècle et pour l'esthétique moderniste. On y voit, se profilant au loin, la tour Eiffel. Cet échafaudage d'éléments architecturaux assemblés de telle manière que chacun contribue à soutenir l'ensemble, Benjamin l'apparentait à une structure philosophique[22]. L'expérience apprend à Grauerholz la pertinence de cette idée : les images de tout genre qu'elle recueille prennent ensemble un nouveau sens, et leur juxtaposition pousse à les interpréter. Elle s'en sert comme des stimuli allégoriques pour actionner la mémoire collective des spectateurs – une mémoire qui, selon Benjamin, s'est fixée, sous forme inconsciente, dans l'imagination collective[23].

En 1992, Grauerholz est invitée à participer à l'exposition internationale d'art contemporain *documenta IX* à Cassel, en Allemagne. Elle choisit de présenter son œuvre à la Neue Galerie, parmi la collection de tableaux du xixᵉ siècle. Là, elle remplace des peintures judicieusement choisies de la collection permanente par ses propres photographies. En intercalant ses photos parmi les peintures d'autrefois, Grauerholz souhaitait établir des comparaisons et intéresser intellectuellement le spectateur à cette inhabituelle cohabitation bidisciplinaire. Elle explique :

> Ordre historique et juxtapositions harmonieuses sont ce que nous attendons aujourd'hui des musées. Mon intention était de briser la monotonie et d'ouvrir un espace pour tout genre de déplacement temporel et de questionnement. [...] Je voulais que l'on puisse aborder chaque œuvre dans son intégralité, sans en négliger le contenu, et sans oublier que la cohérence entre les œuvres est toujours donnée par le contexte[24].

Peu après, Grauerholz est invitée à produire une œuvre au domaine de Kerguéhennec, en Bretagne, domaine qui comprend un château historique, un parc de sculptures contemporaines et des salles d'exposition. Le château même, en tant que lieu de mémoire, lui inspire une présentation novatrice, et elle choisit la forme littéraire du récit gothique pour situer ses images. *Secrets, a gothic tale* (1993–1995) raconte l'histoire d'une photographe de la fin du XIXe siècle, habitant au château, qui erre dans le domaine et photographie de manière obsessionnelle ce qui l'entoure. Par ses photos, nous comprenons que sa santé mentale se détériore progressivement et elle finira par se noyer dans le lac[25]. Les photographies qui présentent cette allégorie étaient classées dans des portfolios et des chemises placés dans les tiroirs de la bibliothèque du château, l'endroit que Grauerholz jugeait le plus approprié au dépôt d'un récit[26].

Grauerholz considère cette œuvre comme la première d'une trilogie sur l'idée de collection et les structures des institutions qui les abritent, notamment les musées d'art.

> Je suis passée, dit-elle, de l'œuvre accrochée au mur, de l'image isolée, à la « collection » d'images sous forme d'archives ou de fonds photographiques. Ce déplacement d'attention me permettait de travailler avec les images que j'ai accumulées au fil des ans et, peut-être, de leur trouver un ordre. Je suis maintenant engagée dans une sorte de réévaluation du passé, envers une autre forme d'image, une autre forme d'image composite[27].

---

20 —— Walter Benjamin, *Petite histoire de la photographie* [1931], traduit de l'allemand par André Gunthert, dans *Études photographiques*, n° 1 (novembre 1996), p. 12.

21 —— Susan Buck-Morss, *The Dialectics of Seeing: Walter Benjamin and the Arcades Project*, Cambridge (Mass.), The MIT Press [1989], 1991, p. 130.

22 —— *Ibid.*, p. 74.

23 —— *Ibid.*, p. 255–256 : « les producteurs de l'imagination "collective" moderne étaient, ainsi que Benjamin le souligne dans son *Livre des passages*, les photographes, les graphistes, les designers industriels et les ingénieurs – ainsi que les artistes et architectes qui ont su apprendre d'eux. »

24 —— Angela Grauerholz, « Time in its passage, but not time past... », p. 6.

25 —— *Ibid.*, p. 7, et Angela Grauerholz, *Aporia: a book of landscapes*, Oakville, Oakville Galleries, 1995, s.p.

26 —— Angela Grauerholz en conversation avec l'auteure, 25 septembre 2009. Certaines photographies ont ensuite été agrandies et accrochées dans la salle de réception du château.

27 —— *Ibid.*

Pour ses œuvres suivantes, elle entreprend, comme son personnage fictif, de photographier de manière obsessionnelle la nature. Elle s'approprie les photographies de paysages, les sort de la bibliothèque de *Secrets* et les emporte dans le temps présent – dans une salle d'exposition.

Ce n'est qu'avec la reconnaissance publique de la photographie en tant qu'art au XXᵉ siècle que les grands musées ont commencé à collectionner des photos. L'introduction de la photo dans les collections des musées d'art pour des raisons autres que pratiques est donc relativement récente. Avec *Églogue ou Filling the Landscape* (1995), Grauerholz propose une façon d'héberger sa collection personnelle de façon moderniste dans un musée d'art contemporain. Les photographies sont conservées dans un classeur en plexiglas transparent monté sur roulettes, que l'on pousse dans la salle d'exposition. Les six tiroirs du classeur contiennent vingt-sept boîtiers ou portfolios contenant eux-mêmes, en tout, deux cent seize photographies. Pour avoir accès aux images, le visiteur doit obtenir l'aide du personnel du musée. Ailleurs dans les pages du présent catalogue, sous le titre « Mettre le passé en ordre », Marnie Fleming traite en détail de cette œuvre et des implications théoriques de la présence de la photographie au musée.

Parlant d'*Églogue ou Filling the Landscape*, Grauerholz renvoie au passage dans lequel, discutant de la présence de la photographie au musée, Douglas Crimp explique ainsi le titre de son livre *On the Museum's Ruins* :

> [Ce titre] sous-entend que l'épistémologie moderne de l'art découle de l'isolement de l'art dans les musées, du fait que l'art y est présenté comme un domaine autonome, étranger, à part, qui ne renvoie qu'à sa propre histoire et à sa dynamique interne. En tant qu'instrument de reproduction des œuvres, la photographie a étendu cet idéalisme à une dimension discursive plus vaste, un musée *imaginaire*, une histoire de l'art. Cependant, la photographie elle-même était exclue du musée et de l'histoire de l'art parce que, par nécessité ou presque, elle renvoie à un monde qui lui est extérieur. Ainsi, quand la photographie est acceptée au musée en tant qu'art parmi d'autres, la cohérence épistémologique du musée s'effondre. Le « monde extérieur » est admis à l'intérieur, et l'on découvre que l'autonomie de l'art est une affabulation, une invention du musée[28].

En limitant l'accès à ses photographies, Grauerholz les place dans le même contexte de raréfaction que les œuvres d'art modernes auxquelles Crimp fait allusion. Elle explique :

> [...] J'ai également essayé de démontrer – et ici, je vois un lien direct avec mon intervention à la *documenta* – que la photographie est elle-même menacée de devenir exclusive et autoréférentielle. Comme la peinture, elle « s'est aliénée, a affirmé son caractère unique et matériel, est devenue hermétique et difficile ». Comme la peinture, « elle ne

renvoie qu'à elle-même – à "elle-même" en tant que matériau et en tant que discipline autonome ayant sa propre histoire [Douglas Crimp]». Il lui fallait transcender une fois de plus sa matérialité pour devenir humaine, autonome et authentique[29].

Le dernier volet de la trilogie de Grauerholz est un livre d'artiste, *Aporia: a book of landscapes* (1995). Dans la première œuvre de la trilogie, *Secrets, a gothic tale*, les paysages étaient assemblés de manière à raconter une histoire et rangés dans la bibliothèque de Kerguéhennec. Dans la deuxième, *Églogue ou Filling the Landscape*, les photographies étaient présentées sous forme de collection personnelle à l'intérieur d'une collection muséale et n'étaient accessibles au public qu'à certaines heures. Dans la troisième, *Aporia*, Grauerholz met encore de l'ordre dans ses photographies, mais cette fois-ci, elle les réunit dans un livre, qui est publié; le lecteur peut donc consulter à sa guise la collection d'images (quoique sous forme de reproductions). Beaucoup de photos qui faisaient partie d'*Églogue*, mais qu'on ne pouvait pratiquement pas voir, ont été recyclées dans ce livre. Construction artistique, le paysage dans cette trilogie sert à concrétiser un espace propice à la contemplation, que l'on s'y immerge comme la photographe fictive de *Secrets*, ou que l'on «y entre et en sorte» comme les lecteurs d'*Aporia*[30].

Avec *Sententia I–LXII*, Grauerholz revient, en 1998, aux thèmes de l'espace muséal et des collections. Fait significatif, les photographies ne sont plus aussi difficiles d'accès qu'elles l'étaient dans *Églogue*. Elles sont maintenant classées dans un meuble d'environ 2 mètres de hauteur sur 1 mètre de largeur et 2,3 mètres de longueur, qui rappelle les anciens cabinets muséologiques tout en évoquant un mausolée. Le meuble, conçu par l'artiste, contient trente et un cadres verticaux que l'on peut tirer pour voir les soixante-deux photographies affichées. Les images de *Sententia* sont numérotées. Aux nombres impairs (*Sententia n° I, III*, etc.) correspondent des photographies d'embrasures de porte, de fenêtres, etc., qui renvoient à l'idée de «passage» (dans l'espace et le temps), et aux nombres pairs correspondent des vues «vers l'intérieur ou l'extérieur, vers ce qui est encadré par ces ouvertures»[31]. Les photographies peuvent être regardées une à une, dans l'ordre ou le désordre, leur lecture étant structurée comme celle d'un livre – un domaine que, en tant que graphiste et conceptrice de livres, Grauerholz connaît très bien.

Un peu à la manière de l'installation présentée à la *documenta IX*, *Sententia* attire l'attention sur la façon dont nous percevons l'œuvre d'art à l'intérieur du musée et sur «l'action consciente de *regarder*»[32]. Les passages se substituent ici aux voyages des œuvres

28 —— Douglas Crimp, *On the Museum's Ruins*, Cambridge (Mass.), The MIT Press, 1993, p. 13–14.

29 —— Grauerholz, «Time in its passage, but not time past… », p. 9–10.

30 —— Pour souligner cette idée que le paysage est une construction spatiale où l'on entre et dont on sort, Grauerholz a reproduit en 1996 *Entering the Landscape* et *Leaving the Landscape*, deux portfolios de photographies qui avaient déjà fait partie de l'installation *Églogue ou Filling the Landscape*.

31 —— Grauerholz, «Time in its passage, but not time past… », p. 11.

32 —— Richard Rhodes, «Reviews: Documenta IX», *Canadian Art*, automne 1992, p. 88.

précédentes, transformant l'expérience physique du monde en traversée imaginaire. *Sententia* donne corps à la dialectique de la vision en présentant un passage psychologique qui reflète le cheminement du musée et des spectateurs dans la culture, l'histoire et l'expérience, cheminement qui s'accompagne d'une accumulation de savoir et de sens. Grauerholz considère *Sententia* comme «un modèle pour décrire le passage, une œuvre qui est elle-même, matériellement, la métaphore de ce dont elle traite»[33].

Après avoir fait référence aux collections de livres dans quelques photographies telles *Le bureau* (1993) et *La bibliothèque* (1992), Grauerholz reprend ce thème en 2001 avec sa série *Privation*, qui commémore la bibliothèque de son appartement, détruite par le feu en 1999. Elle a récupéré des cendres un millier de livres et de fragments, en a choisi trois cents et a passé au numériseur les deux côtés de la couverture de chacun (plat recto et plat verso), créant ainsi six cents images[34]. Ce procédé, nouveau chez elle, fait de ces images précises, numérisées, et en couleurs, des documents. On peut les lire simplement comme des expressions de formes, des champs colorés ou des objets sculpturaux, telles que des poteries raku[35], ou les interpréter symboliquement comme un mémorial des idées engendrées par la lecture de ces livres. À propos des caractéristiques de formes, on peut dire la même chose de la diversité des images de Grauerholz quand on examine ses grandes épreuves à la gélatine argentique, comme *Disparition* (1995), où la femme se fond dans les motifs du feuillage, et, plus récemment, avec le diptyque *White Figures I* (2004), qui renvoie à la tradition picturale du *all-over*. Par contraste, *White Figures II* (2004) accentue la tridimensionnalité de la sculpture.

La série *Privation* se prête à une infinité de lectures car on peut varier la juxtaposition des épreuves ou créer des sous-séries. Afin d'en montrer la diversité de formes, nous avons retenu neuf épreuves pour notre exposition. Leurs titres renvoient à des sujets relatifs aux arts visuels, à la photographie et aux changements technologiques. Grauerholz, quant à elle, a rassemblé toute la série dans un livre d'artiste, à tirage limité, par lequel elle nous fait part de sa propre lecture de cette œuvre et des privations, de la perte dont elle a souffert. Les livres, ou tomes, sont aussi des tombes sur son parcours, qui marquent à la fois le temps passé et le temps figé par la reproduction photographique. Avec *Privation*, Grauerholz continue à mettre de l'ordre dans ses archives. La bibliothèque personnelle n'est-elle pas le reflet des intérêts et des systèmes d'idées de celui ou celle qui l'a constituée?

Grauerholz nous ouvre encore davantage l'accès à sa collection personnelle dans *Reading Room for the Working Artist* (2003–2004). Comme nous l'avons dit précédemment, elle s'est inspirée de la salle de lecture du *Club ouvrier de l'URSS*, conçue en 1925 par Rodchenko pour l'*Exposition internationale des Arts décoratifs et industriels modernes* à Paris, dont elle possédait une photographie. La salle de lecture de Grauerholz est un lieu où l'on peut consulter ses archives, réunies dans douze livres d'artiste, ou albums, qui en sont l'élément central[36]. On y trouve aussi des tables de lecture et des chaises, une table échiquier avec deux chaises, une collection de livres et de facsimilés, et un film y est projeté en boucle.

Grauerholz voyait dans la salle de lecture de Rodchenko un modèle utile pour la présentation d'archives dans des albums (dont le nombre peut augmenter avec le temps), un modèle susceptible aussi d'être adapté à divers espaces d'exposition[37]. Dans son œuvre, elle a consigné les innombrables sources intellectuelles qui ont stimulé sa créativité. Les albums, dans lesquels le classement paraît arbitraire – déterminé peut-être par le nombre de documents accumulés, ou par l'importance que Grauerholz accorde au sujet –, ont pour titres : *Vorbilder* (modèles), *Epiphytes*, *Familiaris*, *Orgueilleux*, *Flâneuse*, *Il neige au soleil*, *Washed Water*, *Zootomie*, *Sans titre* (Artists regrouping), *Sans titre* (circular), *Sans titre* (Silence) et *Sans titre* (Courting Death).

L'œuvre est une construction artistique qui témoigne d'une foule de préoccupations, idées, innovations et modes d'expression dans différents domaines – notamment celui des découvertes scientifiques et technologiques – et met l'accent sur la créativité et la genèse de nouvelles idées. Dans l'album *Orgueilleux*, par exemple, on trouve des photographies et des textes sur des réalisations artistiques, des exploits ou des inventions, notamment la machine à voler *Letatlin* (1929–1931), conçue par Vladimir Tatline au cours de ses recherches en arts plastiques. Cet objet-là était, lui aussi, une «construction artistique»[38]. À l'intérieur de chaque album, on trouve une profusion d'images, de textes et d'extraits de diverses sources. *Sans titre* (Courting Death) comprend des références aux écrits d'Emily Dickinson ainsi qu'au *Travail du deuil* de Jacques Derrida. Pour Grauerholz, le livre est un espace de travail mental – le meilleur endroit pour développer des idées[39]. *Familiaris* porte sur la notion de lieu et d'espace, et sur la dialectique de la vision – dedans / dehors – qui était au cœur de *Sentantia I – LXII*. Il donne matière à réflexion sur l'influence de l'espace, la manière dont le réconfort que procure un endroit favorise une image positive de soi[40].

33 —— Marc Mayer, «Angela Grauerholz: *Sententia I – LXII* and *Schriftbild*er», *Members' Quarterly Newsletter*, The Power Plant, Toronto, hiver 2000, s.p.

34 —— Ann Thomas, justification pour l'achat de *Privation n°s 181 (quatrième de couverture), 55 (quatrième de couverture), 8 (page couverture)*, 3 décembre 2002, dossier du Musée des beaux-arts du Canada.

35 —— Olga Korper, galeriste, discutant avec Gary Michael Dault, «Photographs rise from the ashes», *The Globe and Mail*, 6 octobre 2001.

36 —— Grauerholz, «The Painterly and the Bookish History and Context», causerie donnée au Musée des beaux-arts de Montréal, 22 octobre 2006, texte fourni par l'artiste, p. 1.

37 —— *Ibid*.

38 —— Rattachant les arts à l'expérience vécue, dans l'album *Orgueilleux*, Grauerholz cite Christina Lodder, qui a décrit la bicyclette aérienne de Tatline comme une construction artistique inspirée par Petr Mitouritch (qui s'est lui-même inspiré des idées d'Alexandre Khlebnikov), et née aussi de l'intuition, d'une «sensibilité au monde» fondamentale dans le processus créatif en arts et en sciences puisqu'elle permet de transcender la perception normale. Autrement dit, le lien entre arts et sciences se fait par l'intermédiaire des phénomènes naturels. (Christina Lodder, *Russian Constructivism*, New Haven et Londres, Yale University Press, 1983).

39 —— Angela Grauerholz, citée par Isa Tousignant, «Pageturner: Angela Grauerholz invites us into the depths of her creative process», *Hour*, 23 février 2006, p. 21.

40 —— Angela Grauerholz en conversation avec l'auteure, 25 septembre 2009.

Grauerholz y reproduit certaines de ses photographies qui faisaient partie de l'installation *Sententia*, notamment des ateliers d'artistes. *Vorbilder*, qui est en quelque sorte un condensé de *Reading Room* même, contient des modèles conceptuels et visuels, notamment des références à Rodchenko et à d'autres artistes, écrivains ou photographes qui ont travaillé sur l'idée de collection dont Marcel Duchamp (*Le grand verre*), Aby Warburg (*Atlas Mnemosyne*), Walter Benjamin (*Passagen-werk*), Charles Baudelaire (*Les fleurs du mal*), André Malraux (*Le Musée imaginaire*), Andy Warhol (*Time Capsule*), Gerhard Richter (*Atlas*), Chris Marker (*Immemory*) et Kurt Schwitters (*Merzbau*).

Le film projeté en boucle dans *Reading Room* est un montage d'extraits de films ou de vidéos et d'images fixes qui rappellent des moments importants de la vie. Par ce film, l'artiste a créé des points d'accès à sa plus récente œuvre Web. Inspiré des thèmes de la salle de lecture, le site interactif *www.atworkandplay.ca* (2008) offre aux visiteurs l'occasion de faire leur propre parcours à travers les vastes archives iconographiques de l'artiste. Il comprend plus de quatre mille documents qui constituent en quelque sorte une histoire moderniste[41], mais qui, par le choix et l'interprétation que Grauerholz, en fait, révèlent clairement ses racines postmodernes[42]. Le site Web, produit par VOX, centre de l'image contemporaine, a été lancé en 2009.

Dans cette œuvre, Grauerholz délaisse la structure physique de l'installation et du musée, et invite les visiteurs à s'imprégner de l'expérience artistique en furetant dans ses archives. Le parcours emprunté à travers le site est automatiquement minuté et enregistré sous forme de ligne à l'écran. À la fin, le visiteur peut demander de reconstituer – de «construire» – spatialement ce parcours dans un dessin isométrique. Ce dessin structure l'espace virtuel, lui donne une forme architecturale dans laquelle chaque espace correspond à un point de mémoire, modélisant ainsi un «palais de mémoire» qui peut servir d'outil mnémonique.

Chez Grauerholz, c'est la photographie qui a servi de catalyseur à l'exploration artistique, et les questions soulevées dans le domaine de la photographie sont restées fondamentales dans toute son œuvre : la représentation subjective de la mémoire et de la perte, la notation des pensées inconscientes, la mise en abyme du monde, la pluralité des interprétations possibles, le besoin de contextualiser pour donner un sens. Grauerholz s'intéresse à diverses formes d'art (dont il n'est cependant pas traité dans le présent catalogue) dans lesquelles les concepts de la nouvelle technologie rejoignent les théories esthétiques du Bauhaus. Sa vision est une vision transformatrice – de la photographie et de soi – où la construction du sens se fait par l'expérience. Ainsi, Grauerholz bâtit-elle ses propres palais de mémoire.

---

41 —— Vincent Bonin, « At Work and Play », *Journal VOX image contemporaine / contemporary image*, n° 29 (janvier 2009).

42 —— Dans «Boxing Time: Landscape Feminism and The Archive in Selected Works by Angela Grauerholz », Lesley Brock souligne les aspects qui font de l'œuvre de Grauerholz une œuvre postmoderne – par exemple : «un texte inachevé, en constante transformation, qui se prête à de multiples lectures», le rôle du spectateur dans la création du sens, l'appropriation, le pastiche, et l'ouverture de l'œuvre à l'interprétation personnelle (p. 17, 19).

Marnie Fleming

Putting the Past in Order

The archive, the sum total of the known
and knowable that once seemed
an attainable goal hovering on the
horizon of possibility, became and
has remained utopia.

Thomas Richards, 1993[1]

Angela Grauerholz's *Églogue ou Filling the Landscape* (1995) takes the format of a photographic archive. It is an artwork positioned in the centre of a gallery space contained within a museum. Made of transparent Plexiglas, the cabinet contains six large drawers. Each drawer contains a number of portfolio cases, and each case contains landscape photographs. As an archive it is a repository that contains images, ideas and knowledge. If the use of the word *contains* seems superfluous, I use it because it is also part of the artist's strategy paradoxically to *open up* discourses on techniques of containment and institutional devices. If we want to get within the content of the archive more fully, it will be necessary to trace some of the historical issues of photographic archives in order to reveal its relationship to the museum structure. Ultimately, these discourses will make possible a range of readings for Grauerholz's archives as a site in which to probe into conventional modernist art history and museum practice, while inscribed within the very system of the museum.

---

1 ____ Thomas Richards, *The Imperial Archive: Knowledge and the Fantasy of Empire* (London: Verso, 1993), p. 44.

Photographic Archives – The Order Begins[2]

art museums (A,L,B)	cabinet photographs (L,N,R)	photographs (L,N)
RK.382	VJ.76	VJ.1
ALT art museum	ALT cabinet photograph	ALT photograph

Photo archives did not originally find a place in the museum structure; it was a gradual process. In the nineteenth century, photography was praised as a technological invention and acknowledged for its capacity for illustration and its ability to reproduce images, rather than as an artmaking tool. As "carriers of truth," photographs were collected to provide "evidence" for a bewildering range of disciplines, ranging from art history to military intelligence. For nineteenth-century positivists, "photography doubly fulfilled the Enlightenment dream of a universal language; the universal mimetic language of the camera yielded up a higher, more cerebral truth…"[3] As hopefully as the photograph was perceived a tool towards an encyclopedic repository of images, its promise was frustrated by the sheer quantity of them. Allan Sekula, one of the few writers to have tackled the subject of photographic archives, traces two separate paths of early archival foundations:

> Clearly one way of "taming" photography is by means of this transformation of the circumstantial and idiosyncratic into the typical and emblematical. This is usually achieved by stylistic or interpretive fiat, or by sampling of the archive's offerings for a "representative" instance. Another way is to invent a machine, or rather a clerical apparatus, a filing system, which allows the operator/researcher/editor to retrieve individual instance from the huge quantity of images contained within the archive. Here the photograph is not regarded as necessarily typical or emblematic of anything, but only as a particular image which has been isolated for purposes of inspections.[4]

It became clear that a standard unified system of representation and interpretation required a vast system of classification. As a result of the use and growth of various archival methods, bibliographic science emerged and provided a model for organizing unruly collections of photographs. Again it is worthwhile to cite Sekula:

> At a variety of separate but related congresses on the internationalization and standardization of photographic and bibliographic methods, held between 1895 and 1910, it was recommended that photographs be catalogued topically according to the decimal system invented by the American librarian Melvil Dewey in 1876. The lingering prestige of optical empiricism was still regarded as roughly congruent with that of knowledge in general.[5]

Between 1880 and 1910, photographic archives were so abundant that they became the principal institutional basis for photographic meaning. Photography was to rely heavily on the archival method for its legitimacy. The archive provided the structure for the "claims of the truth" found within.

Photographic Archives – A Paradigm for the Modernist Museum

Modernist (L,B,R)
FL. 3257
ALT Modernism

The ordered, classified and unified structure of the nineteenth-century photographic archive did not necessarily presuppose its presence in the museum, despite the characteristics they had in common. Most archives share concerns ranging from collecting, housing, storage preservation, clarifying, cataloguing and controlling; concerns that are also the *modus operandi* for the mechanisms set into play by the modern museum. If we were to take a closer look at the structure of the museum, we would see that it follows the paradigm of the archive – the parcelling of objects into rigid categories according to medium, in which artworks are examined for style, attributions, dating, authenticity and meaning. Artworks are divided into various historic periods or by media. These divisions and classifications reveal the modern epistemology of art, where more often than not it is made to appear autonomous, or something that is apart; referring only to its own internal history and workings.[6] The effective removal of art from its direct engagement in social life and its placement in an autonomous realm prevailed, and continues to prevail, within the museum.

2 —— Sympathetic to the artist's archival method, I have also organized this text according to the structure of an archival system. It is categorized according to the organizing terms of the *Art and Architecture Thesaurus* (New York: Oxford University Press, 1990) published by the J. Paul Getty Trust. The *AAT* is hierarchically arranged on a rigorously constructed basis. It was envisioned as a set of terms that would include the history and the making of the visual arts; that is, it would form a link between objects and their replicas or representations and the bibliography about them. However, organizing terms into hierarchies limits their classification. Thus, I have taken creative liberties to build my own alternative hierarchies from the paths made by related terms.

3 —— Allan Sekula, "The Body and the Archive," *October*, no. 39 (Winter 1986), p. 17.

4 —— Ibid., pp. 17–18.

5 —— Ibid., p. 56.

6 —— Herein lies one of the many dodges and denials of our museums: a lack of interdisciplinary synthesis in which historians, philosophers, literary scholars and anthropologists can also play their part, and a failure to account for the social, cultural and historical situations in which artworks are reproduced.

Photographic Archives – Apart from the Museum

art museums (A,L,B)	cabinet photographs (L,N,R)	photographs (L,N)
RK.382	VJ.76	VJ.1
ALT art museum	ALT cabinet photograph	ALT photograph

The photographic archive was not so easily granted the same kind of autonomy in the museum as, for example, painting. It more or less served the museum as a tool for illustration or a means of documentation. More closely aligned to a scientific/topographical discourse than to any of the fine arts, photography's descriptive powers seem always to have been in antagonism to painting – the principal museum category. It did not participate in the same language or the aesthetic issues that were reserved for painting. Just by looking at the kind of terminology used for these disciplines we can see vast differences. One rudimentary example can be found in the records of the photographic salons of the 1860s. The term *views* was the preferred appellative in the photographic journals by almost all stereoscopic photographers who submitted entries for images of landscapes. This can be compared to *landscape*, the descriptive category for painting. What this demonstrates is that even when consciously entering the space of exhibition, photographers and painters tended to choose different words to mark distinct domains. As well, the physical space in which the *views* were kept was invariably a cabinet with drawers, which catalogued and stored a whole geographical system. As Rosalind Krauss points out:

> The file cabinet is very different as an object from the wall or the easel. It holds out the possibility of storing and cross-referencing bits of information and collating them through the particular grid of a system of knowledge. The elaborate cabinets of stereo views that were part of the furnishing of nineteenth-century middle-class homes as well as of the equipment of public libraries comprise a compound representation of geographic space. The spatiality of the view, its insistent penetration, functions, then, as the sensory model for a more abstract system whose subject is also space. View and land survey are interdeterminate and interrelated.[7]

Therefore the *views* called for a different kind of space than that required for exhibiting a painted *landscape*. The one calls for an image of geographic order; the other represents "the space of an autonomous Art and its idealized, specialized history, which is constituted by aesthetic discourse."[8] Period, style, quality, etc. are all a function within the space of the exhibition. Modern art history and the museum are, in that sense, products of the rigidly organized space of the nineteenth-century painting exhibition.

Photography – Entry into the Modernist Museum

art museums (A,L,B)	photographs (L,N)	Photo-Secession (R)
RK.382	VJ.1	FL.1752
ALT art museum	ALT photograph	

It wasn't until the Photo-Secession movement (extending roughly from 1902 until 1916) that attempts were made to resist the paradigm of the archival method in order to advance the concept of the photographic image as an independent art form. During this time, photography came out of the cabinet and onto the wall. It evolved out of a context of nineteenth-century aesthetics as an automatic record of a reality to an expression of an individual, or an "artist." It was re-assembled as a category within the museum structure and subjected to the aesthetic theories of specialized fiefdoms – in particular that of painting. While it is beyond my scope in this discussion to examine the degree to which modernists consciously began to resist or subvert the model of the archive, it is important to note that photography began to be invested with the trappings of subjectivity, and, as Douglas Crimp points out, "was grudgingly granted a niche in the museum."[9]

Photography – The Modernist Museum Perverted

art museums (A,L,B)	photographs (L,N)	Postmodern (A.L.R)
RK.382	VJ.1	FL.3704
ALT art museums	ALT photograph	ALT Postmodernism

It took some 150 years for photography to come fully out of the archival closet and to have wholesale acceptance as a museum art. Today, its activity still operates within the mode of photography-as-art, but its practitioners are disrupting the conventional workings of photographic representation. They address its claims as a carrier of truth, and reveal those claims for the fiction they are. So again there is another historical shift – from an autonomous modernist object to an art form with a discursive context and hybrid characteristics. Photography's entry into the museum world is such that it has now contaminated the purity of modernism's separate categories of painting and sculpture. Photographers take their cues from painting, printmaking or sculpture; they include ideas from various traditions or movements such as photomontage, surrealism, and pop, conceptual and body art. They also appropriate from, and look to, advertising, cinema, art history, television and product advertising. The once rigid categories of the

---

7 ____ Rosalind Krauss, "Photography's Discursive Spaces," *The Art Journal*, vol. 42 (Winter 1982), p. 315.

8 ____ Ibid., p. 315.

9 ____ Douglas Crimp, *On the Museum's Ruins* (Cambridge, MA: The MIT Press, 1993), p. 16.

museum are now divested of their autonomy and idealism. In articulating photography's new position, Crimp observes:

> For photography to be understood and reorganized … entails a drastic revision of the paradigm of modernism, and it can happen only because that paradigm has indeed become dysfunctional. Postmodernism may be said to be founded in part on this paradox: it is photography's reevaluation as a modernist medium that signals the end of modernism. Postmodernism begins when photography comes to pervert modernism.[10]

It would seem then that after over a century of being confined to the discourse of modernism and the limitations of the museum structure, at present artists are "perverting modernism" and dismantling the archive in which photography found its original home. As well, they are dismantling the set of practices, the institution, and the relationships to which it originally belonged.

This historical background situates Grauerholz's *Églogue ou Filling the Landscape* in a complex legacy of the photographic tradition. While it may seem that to use an archival format would be anachronistic in our age of fragmentation and deconstruction, her strategy nevertheless proceeds from the knowledge of this tradition.

Grauerholz – Intervention with the Museum: Documenta

art museums (A,L,B)	conceptual artists (L,R)	photographers (A,L,R)	Postmodern (A,L,R)
RK.382	HG.96	HG.117	FL.3704
ALT art museum	ALT conceptual artist	ALT photographer	ALT Postmodernism

Grauerholz's archive is not the first time her work has intervened with the conventions of museum presentation. In 1992, she returned to her native Germany to participate in the prestigious *documenta* exhibition in the city of Kassel. The curatorial theme was to create a "free space for art, without detaching it from its historical and contemporary conditions."[11] In Kassel's Neue Galerie (one of the many sites for the vast exhibition), she hung her photographs among the old German Romantic pictures. The Neue Galerie is very much "an encyclopedic museum," or one that favours conventional linear narratives of art history in carefully defined categories, and one that also puts forth the notion of the historical period as homogeneous and unified. In short, it is a museum at the service of modernity. By inserting her large, sepia-toned photographs amongst the nineteenth-century paintings, Grauerholz blurred not only classifications of mediums, but also that of time.[12] In creating a dialogue with the two mediums she, as a photographer, both acknowledged her own debt to the German painting tradition and affirmed the credibility of photography in the face of painting in general. Moreover, by breaking up the linearity of the constructed institutional narrative, Grauerholz created sudden disruptions in canonical art history and aesthetic genealogy, pointing to the intractability of the modernist system as far as any critical inquiry or socio-historical analysis is concerned.

Grauerholz – Intervention with the Museum: Domaine de Kerguéhennec

art museums (A,L,B)	conceptual artists (L,R)	photographers (A,L,R)	Postmodern (A,L,R)
RK.382	HG.96	HG.117	FL.3704
ALT art museum	ALT conceptual artist	ALT photographer	ALT Postmodernism

In 1993, Grauerholz received another opportunity both to expose and to manipulate the staging of museum practice when she was invited to produce a work at the Domaine de Kerguéhennec, a château/museum situated in a large park in Brittany, France. Grauerholz set out to create an imaginative terrain in and around the château. Here, she developed a fictive narrative around her photographs that suggested that they were created by a nineteenth-century female photographer.[13] Collectively titled *Secrets, a gothic tale*, the "fiction" permitted her to raise profound questions about the social position of the female, the nature of identity, and restrictions of space and time. The resulting landscape photographs were loosely displayed in the drawers of the château's library, and – without code or classification – complete access to the photographs was given over to whoever encountered them.[14] In sorting through the pile of photos, one could watch a drama unfold as evidence was assembled, relationships imagined and balances struck between disparate elements. Grauerholz carefully constructed a situation

---

10 —— Ibid., p. 77.

11 —— Documenta IX Guide (Kassel: Edition Cantz, 1992), p. 22.

12 —— The most conspicuous characteristic of Grauerholz's photographs is her ability to infuse subjects with an arousing power that, like many early nineteenth-century German paintings, transforms landscapes or interiors into emotional spaces. Often, her figures stand with their backs to the viewer, staring into the distance; characters who seem to embody yearning or desire merge with the landscape before them. Her photographs tend to grant natural settings an eerie or ethereal aura, something she is able to accomplish through movement and manipulation of time exposure.

13 —— As she explained to me on 27 January 1995: "These photos gave me license to take images that weren't necessarily part of my practice. They were more pictorial, even pretty – something I wouldn't usually allow myself to put into the world. I was less selective and less conscious of what the final product would be, so I permitted myself to look at all kinds of imagery."

14 —— At the time of writing, Grauerholz's project at Domaine de Kerguéhennec continues to be a work in progress. Currently, there are approximately 40 landscape photographs in the drawer with more to be added in the summer of 1995. [Note: The final work, in situ, comprised approximately 80 photographs, which were housed in the library. A series of eight framed photographs were conceived for installation in the reception area of the château.]

in which the meaning of these images had to be determined within the locale of the library setting – a place where information is compiled, cross-referenced and stored. But what kind of knowledge does this information provide? What truth is revealed? In *Secrets, a gothic tale*, Grauerholz created an event of continuous simulation in which images refer to images and mingle with the viewer's own subjective network of inter-connections and layering. Hence, the subject can only be an image of the self, an image that cannot be categorically distinguished from other images.

Grauerholz – Photographic Archive – Back into the Museum

art museums (A,L,B)	cabinet photographs (L,N.R)	conceptual artists (L,R)
RK.382	VJ.76	HG.96
ALT art museum	ALT cabinet photograph	ALT conceptual artist
photographers (A,L,R)	Postmodern (A,L,R)	
HG.117	FL.3704	
ALT photographer	ALT Postmodernism	

Only now are we getting closer to suggesting, albeit in a schematic fashion, some of the real intent and meaning of Grauerholz's archive *Églogue ou Filling the Landscape*. Let us begin by looking at this work, which uses the archive structure to reveal the role of the museum in determining the production and reception of art in our culture. As with her previous works, *Églogue ou Filling the Landscape* is located within the museum structure. It operates on the assumption that it is inscribed within an existing system and all its institutional devices and techniques of containment.

Placed in the middle of a gallery, the most striking feature of the archive is its transparent Plexiglas construction. Essentially a large cabinet, we can see through it into a series of planes and compartments, which constitute six large drawers. Moving around it (the drawers are designed to open on all four sides), we can pull on the handles and open the drawers to look further inside to the portfolio cases. This physical inter-action translates into a more engaged process of viewing, in a search for wholeness or completeness. In the process, we discover that on each case are words that follow one after another in a column. They refer to landscape topologies but also have emotional connotations. For example, Grauerholz's text reads:

GROUNDS

TENDED

PRESERVED

ENCLOSED

SAFE

CAREFUL

GUARDED

In trying to crack the code of these words, we become engaged in the process and outcome of exploration. We are transformed from viewers to readers, moving from visual to linguistic criteria. The words are fragments, imaginative links and patterns, coming together to form a rhythm and, therefore, a poem. The imagination is set in motion as we wonder how the words are connected to the contents within. A far cry from the Dewey, or Library of Congress system, or even the *Art and Architecture Thesaurus*, the list seems eccentric, as if to parody standard classifications. Grauerholz's categories are neither tight nor rigidly defined, but rather lead to suggestions or feelings. While the whole structure of the piece has the look and feel of precise bibliographic science, it destabilizes classification as we create new meanings through a process of identification. In fact, she problematizes the notion of classification itself, or the idea that there can be any purity in a single category. Her classifications invite us to work out the possible relationships – which always remain provisional – between various outlooks and interpretations.

While these quizzical classifications actively encourage inquiry and exploration, any further attempt to explore the contents of the portfolio cases seems thwarted by standard museum practice. As in most art institutions, there are rules and regulations regarding conservation, and, in this case, *only* museum officials wearing white cotton gloves are granted the privilege of sorting through the cases. (This is quite unlike the strategy employed at Kerguéhennec where the photographs were displayed in open drawers.) It is the art official, or curator, who decides what is, or what is not, revealed. In effect, then, this causes frustration for curious viewers who no longer have control over what they see and experience. After being ushered by the artist towards involvement, it seems that any further engagement with the work is denied. However, Grauerholz uses this emotional response to push to the forefront the exclusionary practices of museums. This is all a part of her strategy to voice questions about privilege – "who selects, chooses, controls *what* and *how* we see?" – and, following these questions, the wider picture – "what does this say about art history?" In effect, she manipulates our actions to route us to another level within the work. Our exclusion and the denial of access direct us to the mechanisms of the museum, its astonishing power and complexity. So, too, the inaccessibility of the work mimics the modernist notion of art object as myth, housed within the museum "temple." The confinement of the contents makes it seem precious and mysterious in a space of exclusion.

It is only after the contents of the portfolio cases are "officially" revealed that we see they are landscapes, or perhaps, because they are archived, it might be more appropriate to say *views* (as in the nineteenth-century cabinets of stereoscopic photographs). Whatever term we choose, it becomes apparent when we refer back to the words on the cover of the portfolio that the first word in each sequence (GROUNDS, GARDENS, WATER, TREES, RIVER, CLOUD, etc.) alludes to photographs of the topographical feature contained within.[15] Mentally primed by the text, we are brought face to face with the contents: ordered photographs of a disordered nature. They are complete on their own yet apart in time and space.

Like the time and space of maps, Grauerholz's landscapes take us into realms of perception, imagination and fiction, producing mental spaces in which to travel. Unlike the nineteenth-century archives that proclaimed the photographs contained therein as the promise of truth, however, Grauerholz's images point to a much broader questioning of representation. In an exhibition catalogue of her work, curator Paulette Gagnon elaborates on the artist's landscape photographs:

> She is not interested in representing nature as such, but in the idea of the landscape as a contradictory, ambiguous manifestation. Landscape becomes almost an abstract entity, not reproduced according to a strict identity of elements of a reality, but rendered in a mimetic manner which emphasizes its eloquence, gravity and poetic realism. Certain landscapes become, in a sense, abstractions; starting from a real space, they serve as introduction to a mental space, adrift and sedimented in terms of known reality.[16]

Grauerholz also directs us to the inadequacies and ruptures that run in and around each image, emphasizing a separateness. Yet collectively their seriality impels us to sift through them – physically and mentally – wresting them out of the static and purely visual and into space, our space of lived experience. Also, like maps, these photographs tell us more about ourselves and our methods of structuring and ordering than they do about the world. Thus, we do not find objective reality, but a projection of our own experience.

Susan Sontag, in *On Photography,* writes: "Photographs which package the world seem to invite packaging."[17] *Églogue ou Filling the Landscape*, as a "package" or container for the landscape images, represents the very idea of landscape as a visual and spatial experience, in much the same way that the nineteenth-century photographic archives called for an image of "geographic order." In essence, Grauerholz has intelligently conferred a very appropriate title to the work. Églogue (or eclogue), a Greek word, actually means selection or "pick-out," yet it also refers to the short poems or pastoral dialogues of Virgil. The landscape images are selected by the artist to be photographed and then selected again for inclusion in the archive. Yet "selection" can also refer to the kind of choices made by a museum curator who opens the cases, and therefore presents a privileged or select point of view. Moreover, the poetry resides not only in the "poem" of the portfolio case, but also in the way the artist effectively grants an interior resonance of exterior nature.

The landscape images Grauerholz opted to photograph are most ordinary. Their ordinariness results in a recognition of our own past experiences. By photographing landscapes of familiarity and reframing them to reside in another exterior reality, she allows us to test or create new meanings through a process of identification. They are images of a shared consciousness; shared chapters in the experience of living. Much has already been written about her photographic images and their relationship to memory. For example, Helaine Posner writes:

> Angela Grauerholz's distorting mirror reflects people and places in the disturbingly amorphous, yet highly charged, manner of dreams and memories. The initial familiarity of her imagery slowly fades to uncertainty, as the traveller is sent on an evocative journey through an ambiguity of time and space.[18]

In another article, Cheryl Simon looks at how the images evoke memory by encouraging *déjà vu*, the feeling or state similar to that encountered in one's past. She writes:

> Grauerholz's technique functions beyond that of mere "Pictorialist" self-expression. Elucidation and re-invention of collective perception subvert the notions of originality and enlightenment. Her stress on "commonality" precludes the possibility of photographic ideological reconditioning. Here, reality is a construction and a re-construction by the viewer of the viewer's own past.[19]

15 —— The second word defines the category more closely and the following words are free associations to create a mood for the case. As Grauerholz explained on 27 January 1995, "Theoretically, you don't really have to look at what is in the box; you just read the words out to yourself. The contents of the box could remain entirely in your imagination, set in motion by the words, a combination of knowledge and experience."

16 —— Paulette Gagnon, "Angela Grauerholz: Creating Ambiguities of Time and Experience," in *Angela Grauerholz* (Montreal: Musée d'art contemporain de Montréal, 1995), p. 53.

17 —— Susan Sontag, *On Photography* (New York: Dell Publishing Inc., 1980), p. 4.

18 —— Helaine Posner, "Days of Future Past," in *Angela Grauerholz: Recent Photographs* (Cambridge, MA: MIT LIST Visual Arts Centre, 1993), p. 10.

19 —— Cheryl Simon, "The Déjà Vu of Angela Grauerholz," *Vanguard*, vol. 15, no. 2 (April/May 1986), p. 28.

While it is not my intention to make further remarks on how memory operates within Grauerholz's individual images, I would like to put forward the idea that the archive and its contents can be likened to a memory bank. As a site for storing memory, Grauerholz has successfully integrated the sculptural component of the archive with the photograph, establishing for both mediums a place for memory to reside. In fact, a colloquial expression such as "I'll file that information away," refers to the mind as a metaphor for a storage and retrieval system of thought and memory. One files it away so as not to forget. But how often do we forget? While Grauerholz's images are stored to be remembered, they can also easily be forgotten due to the abundant information intrinsic in each image and the vast quantity of images. We tend not to remember the individual landscape images but only to remember them as a whole.

We must also remember that memory has no place in modernism. The modernist system separated art from society and staged art objects as an autonomous experience. It has been the historical avant-garde's position to disrupt the homogeneity of modernism by injecting into its work memory – the fragment lifted from both the unconscious and the social reality of daily life.[20] Likewise, Grauerholz recoups memory and locates it within the archive from which it can be occasionally retrieved but, like a memory, can never be grasped in its entirety. The archive therefore functions as a site for forgetting as well as for remembering.

This fundamentally dialectical role is also acknowledged by Andreas Huyssen in his book *Twilight Memories* when he writes of museums:

> …the museum serves both as a burial chamber of the past – with all that entails in terms of decay, erosion, forgetting – and as a site of possible resurrections, however mediated and contaminated, in the eyes of the beholder. No matter how much the museum, consciously or unconsciously, produces and affirms the symbolic order, there is always a surplus of meaning that exceeds set ideological boundaries, opening spaces for reflection and counter-hegemonic memory.[21]

In our contemporary world, much about our ideas of memory has found its way to the realm of the computer chip. Satellite images (updated landscapes if you will) are still archived as truthful representations of the world, classified and accessed by subject and stored in data banks. It seems that the greater amount of memory that is stored, the less our culture seems to want to take part in the act of remembering.

In *Églogue ou Filling the Landscape* we have seen how Grauerholz has used the archival form as a link to the past, a past that originally found meaning in truth. As we have seen too, it is also a vehicle that addresses the institutional space and its framing devices. She uses the past to help nurture a present and, in turn, guide us to a vision of the future. Ultimately, Grauerholz's archive asks us to become aware of the museum process and where we stand in relationship to it. In driving toward this new questioning, she has found the photographic archive to be profoundly significant as a means of exposing museum practice, photography's relationship within that practice and, subsequently, of drawing our attention to the museum enterprise as a construct in need of revision.

First published by Oakville Galleries, 1995.

20 —— See Peter Bürger, *Theory of the Avant-garde*, Michael Shaw (trans.) (Minneapolis: University of Minnesota Press, 1984).

21 —— Andreas Huyssen, *Twilight Memories: Marking Time in a Culture of Amnesia* (New York: Routledge, 1995), p. 15.

Secrets, a gothic tale 1993–1995

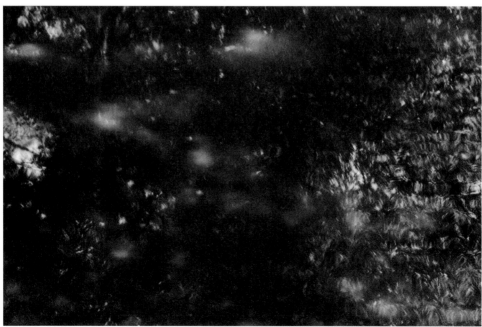

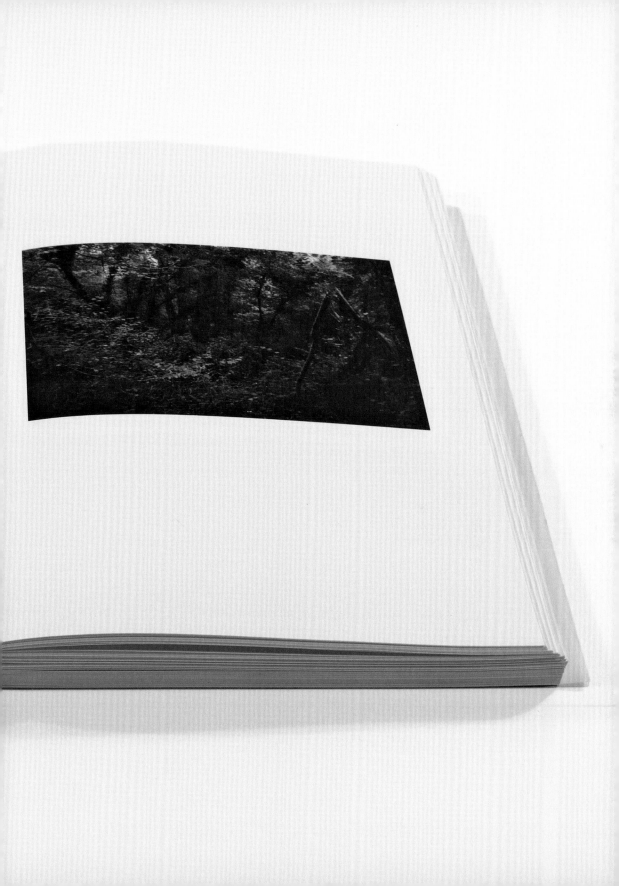

Églogue ou Filling the Landscape   1995

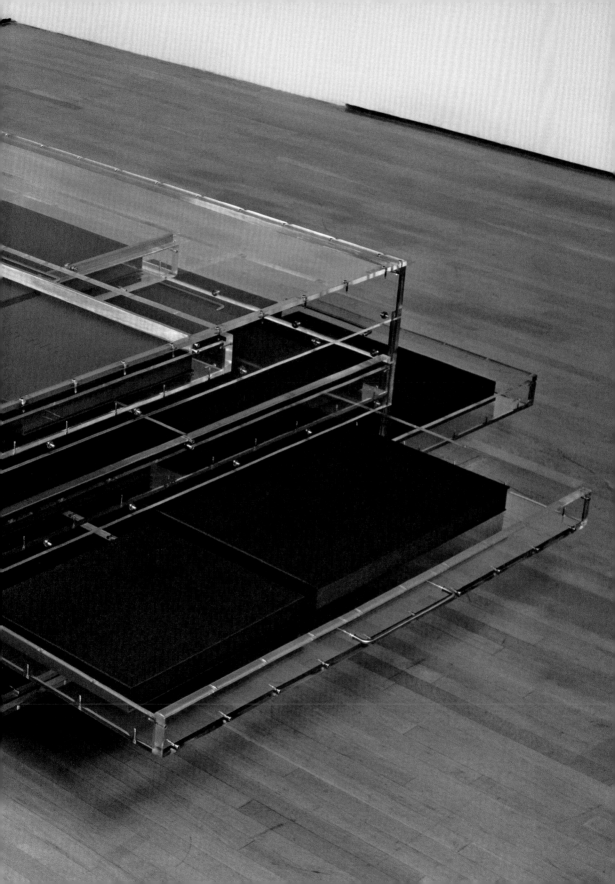

Entering the Landscape

Leaving the Landscape

Marnie Fleming

Mettre le passé en ordre

*Les archives, la somme de tout le connu
et connaissable, qui semblait autrefois
être un objectif atteignable planant
à l'horizon des possibles, sont devenues
et restées une utopie.*

Thomas Richards, 1993 [1]

Églogue ou Filling the Landscape (1995) d'Angela Grauerholz prend la forme d'archives photographiques. C'est une œuvre d'art posée au centre d'une salle, dans un musée : un classeur en plexiglas transparent, à six grands tiroirs. Chaque tiroir contient un certain nombre de boîtiers (ou portfolios), et chaque boîtier contient des photographies de paysages. Ce dépôt contient des images, des idées, des connaissances. La répétition du verbe *contient* est voulu, puisque l'artiste vise – paradoxalement – à ouvrir le débat sur la notion d'accumulation et de dépôt et sur les dispositifs institutionnels. Avant d'aller plus loin, jusqu'au contenu des archives, il convient de rappeler certains aspects de l'histoire des archives photographiques pour en montrer le rapport à la structure muséale. Au bout du compte, ce débat permettra une pluralité de lecture des archives de Grauerholz en tant que lieu d'investigation sur l'histoire de l'art moderniste, et la pratique muséale, un lieu lui-même inscrit dans le système muséal.

---

1 ___ Thomas Richard, *The imperial Archive: Knowledge and the Fantasy of Empire*, Londres, Verso, 1993, p. 44.

Archives photographiques – L'ordre commence [2]

musées d'art (A,L,B)	cartes albums (format cabinet) (L,N,R)	photographies (L,N)
RK.382	VJ.76	VJ.1
ALT musée d'art	ALT carte album (format cabinet)	ALT photographie

Les archives photographiques n'ont pas toujours eu une place au musée; le processus fut graduel. Au XIXe siècle, la photographie était admirée en tant qu'invention technologique et reconnue pour sa capacité d'illustration et sa capacité de reproduction d'images, plutôt que comme instrument d'expression artistique. « Porteuses de vérité », les photographies étaient colligées comme « pièces à conviction » dans un nombre ahurissant de domaines, allant de l'histoire de l'art au renseignement militaire. Pour les positivistes de ce siècle, « la photographie réalisait doublement un rêve des Lumières, celui d'un langage universel; le langage mimétique universel de l'appareil-photo livrait une vérité supérieure, plus cérébrale » [3]. La photographie suscitait énormément d'espoir en tant qu'outil pour la constitution d'un répertoire encyclopédique d'images, mais cet espoir fut contrarié par la quantité même de photographies existantes. Allan Sekula, un des rares auteurs à s'être attaqué à la question des archives photographiques, retrace deux voies distinctes dans la fondation des archives :

> De toute évidence, une des façons d'« apprivoiser » la photographie est de transformer le circonstanciel et le singulier en typique et en emblématique. On le fait habituellement par décret stylistique ou interprétatif, ou en sélectionnant, parmi tout ce qu'offrent les archives, un cas « représentatif ». On peut aussi inventer une machine, ou plutôt un appareil administratif, un système de classement, qui permet à l'utilisateur/chercheur/éditeur de récupérer une image particulière parmi la multitude que contiennent les archives. Dans ce cas, la photographie n'est pas nécessairement considérée comme typique ou emblématique de quelque chose, elle n'est qu'une image isolée à des fins d'inspection [4].

Il est devenu évident qu'un système normalisé, unifié, de représentations et d'interprétations devait s'appuyer sur un vaste système de classification. Résultat de l'emploi et de la diversification des méthodes d'archivage, la science de la bibliothéconomie voit le jour et fournit un modèle pour l'organisation des collections de photographies qui sont pêle-mêle. Sekula explique :

> Lors de divers congrès sur l'internationalisation et la standardisation des méthodes photographiques et bibliothéconomiques tenus entre 1895 et 1910, il a été recommandé que les photographies soient cataloguées par sujet, suivant le système décimal

inventé par le bibliothécaire américain Melvil Dewey en 1876. L'empirisme optique conservait encore un prestige à peu près équivalent à celui du savoir en général[5].

Entre 1880 et 1910, les archives photographiques étaient si abondantes qu'elles devinrent le principal fondement institutionnel du sens en photographie. La photographie trouvait, à ce moment, une bonne part de sa légitimité dans la méthode archivistique. Les archives fournissaient la structure pour les prétendues « vérités » qu'elles contenaient.

Archives photographiques – Un paradigme pour le musée moderniste

moderniste (L,B,R)
FL. 3257
ALT modernisme

La structure ordonnée, classifiée et unifiée des archives photographiques du XIXᵉ siècle ne présupposait pas nécessairement leur présence à l'intérieur du musée, malgré les caractéristiques communes aux deux structures. Collectionner, abriter, entreposer, préserver, clarifier, cataloguer, contrôler sont en effet des préoccupations de la plupart des archives, en même temps qu'il s'agit du *modus operandi* des mécanismes mis en place par le musée moderne. Si nous examinons de plus près la structure du musée, nous voyons qu'elle s'inscrit dans le paradigme des archives : la compartimentation des objets dans des catégories rigides, selon le support – des catégories à l'intérieur desquelles les œuvres d'art sont étudiées du point de vue du style, de l'attribution, de la datation, de l'authenticité et de la signification. Les œuvres sont classées par période historique ou par discipline artistique. Ces divisions et classifications révèlent l'épistémologie moderne de l'art, selon laquelle, le plus souvent, l'art est présenté comme un domaine autonome, qui ne renvoie qu'à sa propre histoire et à son fonctionnement interne[6]. Le retrait de l'art de la vie sociale dans laquelle il était directement engagé, et son confinement dans un univers à part, ont prévalu et continuent de prévaloir à l'intérieur du musée.

---

2 _____ Étant sensible à la méthode d'archivage de l'artiste, j'ai organisé ce texte en suivant la structure d'un système d'archives. Les catégories correspondent aux rubriques de l'*Art and Architecture Thesaurus* (New York, Oxford University Press, 1990) publié par le J. Paul Getty Trust. Organisé de manière hiérarchique sur une base rigoureuse, l'*AAT* a été conçu comme un ensemble de termes qui porte sur l'histoire et la production des arts visuels, c'est-à-dire qui forme un lien entre les objets et leurs répliques ou représentations et ce qui a été écrit sur eux. Cependant, la hiérarchisation des termes limitant leur classification, j'ai pris certaines libertés pour bâtir mes propres hiérarchies alternatives à partir des liens suggérés par des termes connexes.

3 _____ Allan Sekula, « The Body and the Archive », *October*, n° 39 (hiver 1986), p. 17.

4 _____ *Ibid.*, p. 17–18.

5 _____ *Ibid.*, p. 56.

6 _____ De là vient l'un des nombreux problèmes que nos musées évitent ou dont ils nient même l'existence : l'absence de synthèse interdisciplinaire, dans laquelle historiens, philosophes, spécialistes de la littérature et anthropologues pourraient aussi jouer leur rôle, et l'incapacité de prendre en considération le contexte social, culturel et historique dans lequel les œuvres d'art sont produites.

Archives photographiques – En dehors du musée

musées d'art (A,L,B)	cartes albums (format cabinet) (L,N,R)	photographies (L,N)
RK.382	VJ.76	VJ.1
ALT musée d'art	ALT carte album (format cabinet)	ALT photographie

Les archives photographiques n'ont pas obtenu si facilement le même genre d'autonomie au musée que, par exemple, la peinture. Elle a plus ou moins servi d'outil d'illustration ou de documentation. Plus proche du discours scientifique/topographique, par sa puissance descriptive, que de n'importe lequel des beaux-arts, la photographie semble avoir toujours été en opposition avec la principale catégorie muséale qu'est la peinture. Elles ne participaient pas du même langage ni des mêmes valeurs esthétiques. Un coup d'œil sur la terminologie utilisée dans ces deux disciplines nous révèle d'énormes différences. On en trouve un exemple élémentaire dans les registres des salons de photographie des années 1860. Le mot *vue* était l'appellation préférée de presque tous les artistes proposant des photographies stéréoscopiques de paysages à publier dans les revues de photo. *Vue* est l'équivalent de *paysage*, la catégorie descriptive utilisée en peinture. Même lorsqu'ils évoluaient consciemment dans l'espace de l'exposition, photographes et peintres avaient donc tendance à choisir des mots différents pour définir et décrire leur domaine respectif. En outre, l'espace physique dans lequel on conservait les *vues* était invariablement un classeur où était catalogué et conservé tout un système géographique. Comme le souligne Rosalind Krauss :

> Le meuble de classement est un objet très différent du mur ou du chevalet. Il présente la possibilité d'emmagasiner des informations et de les renvoyer les unes aux autres ainsi que de les collationner à travers la grille particulière d'un système de connaissances donné. Les classeurs de vues stéréoscopiques très ouvragés, qui faisaient partie au xixᵉ siècle du mobilier des maisons bourgeoises et de l'équipement des bibliothèques publiques, embrassaient une représentation complexe de l'espace géographique. L'impression d'espace et la pénétration très forte de celui-ci que procure la "vue" fonctionnent donc comme le modèle sensoriel d'un système plus abstrait dont le sujet est lui aussi l'espace. *Vues* et levées [sic] topographiques sont intimement liées [sic] et se déterminent mutuellement[7].

Par conséquent, les *vues* avaient besoin d'un espace différent de celui où l'on exposait les *paysages* peints. Les premières sont de l'ordre de la géographie, les autres représentent « l'espace d'un Art autonome et de son Histoire idéalisée et spécialisée, constitué par le discours esthétique »[8]. La période, le style, la qualité, etc., sont chacun une fonction à l'intérieur de l'espace de l'exposition. En ce sens, l'histoire de l'art moderne et le musée sont des produits de l'espace rigoureusement organisé de l'exposition de peintures du xixᵉ siècle.

Photographie – Entrée dans le musée moderniste

musées d'art (A,L,B)	photographies (L,N)	Photo-Sécession (R)
RK.382	VJ.1	FL.1752
ALT musée d'art	ALT photographie	

Ce n'est qu'avec le mouvement de la Photo-Sécession (qui durera de 1902 à 1916) que s'amorce la résistance au paradigme de la méthode archivistique et qu'est avancée l'idée de la photographie en tant que forme d'art. Pendant cette période, la photo passe du classeur au mur. D'enregistrement automatique d'une réalité selon l'esthétique du XIXᵉ siècle, elle devient mode d'expression d'un individu, ou d'un « artiste ». Elle a été reconstituée en catégorie dans la structure muséale et assujettie aux théories esthétiques de ses fiefs – en particulier celles de la peinture. Il n'est pas de mon propos ici d'examiner dans quelle mesure la résistance des modernistes au modèle d'archives, ou la subversion de celui-ci, fut délibérée, mais il importe de noter que la photographie a alors commencé à être investie des signes extérieurs de la subjectivité et que, comme Douglas Crimp l'a souligné, on lui a à contrecœur accordé une place au musée[9].

Photographie – Le musée moderniste perverti

musées d'art (A,L,B)	photographies (L,N)	postmoderne (A.L.R)
RK.382	VJ.1	FL.3704
ALT musées d'art	ALT photographie	ALT postmodernisme

Il a fallu près de cent cinquante ans pour que la photographie finisse de sortir complètement du placard archivistique et soit pleinement acceptée en tant qu'art digne du musée. Aujourd'hui, elle fonctionne encore sur le mode artistique, mais ses praticiens bouleversent les conventions de la représentation photographique. Ils dénoncent ses prétentions à la vérité et les révèlent pour ce qu'elles sont : un leurre. Il s'agit d'un nouveau tournant historique avec le passage de l'objet moderniste autonome à une forme d'art hybride, située dans un contexte discursif. La photographie est entrée au musée de telle manière qu'elle contamine la pureté des catégories modernistes, distinctes, de la peinture et de la sculpture. Les photographes prennent exemple sur les peintres, les graveurs, les sculpteurs; ils glanent des idées dans divers mouvements ou traditions, tels le photomontage, le surréalisme, le pop art, l'art conceptuel et l'art corporel. Ils se tournent vers la publicité, le cinéma, l'histoire de l'art, la télévision, et s'en approprient des éléments. Les catégories muséales, autrefois rigides, sont maintenant dépouillées

---

7 ___ Rosalind Krauss, *Le Photographique. Pour une théorie des écarts*, Paris, Macula, 1990, p. 45.

8 ___ *Ibid.*

9 ___ Douglas Crimp, *On the Museum's Ruins*, Cambridge (Mass.), The MIT Press, 1993, p. 16.

de leur autonomie et de leur idéalisme. Expliquant la nouvelle position de la photographie, Crimp fait observer :

> Comprendre et réorganiser la photographie [...] suppose une révision radicale du paradigme moderniste, et cela n'est possible que parce que ce paradigme est, en fait, devenu dysfonctionnel. On peut dire que le postmodernisme est fondé en partie sur ce paradoxe : c'est la réévaluation de la photographie en tant que médium moderniste qui signale la fin du modernisme. Le postmodernisme commence quand la photographie vient pervertir le modernisme[10].

Il semble dès lors qu'après avoir été enfermés durant plus d'un siècle dans le discours du modernisme et les limites de la structure muséale, les artistes d'aujourd'hui « pervertissent le modernisme » et démantèlent les archives où la photographie avait d'abord trouvé refuge. Ils mettent aussi en pièces l'ensemble des pratiques, l'institution et les rapports auxquels la photographie était à l'origine rattachée.

Ce rappel historique permet de situer *Églogue ou Filling the Landscape* dans le complexe héritage de la tradition photographique. Car, si le recours au format archivistique peut paraître anachronique à notre époque de fragmentation et de déconstruction, la stratégie de Grauerholz procède néanmoins de la connaissance de cette tradition.

Grauerholz – Intervention au musée : la *documenta*

musées d'art (A,L,B)	artistes conceptuels (L,R)	photographes (A,L,R)	postmoderne (A,L,R)
RK.382	HG.96	HG.117	FL.3704
ALT musée d'art	ALT artiste conceptuel	ALT photographe	ALT postmodernisme

Églogue n'est pas la première œuvre de Grauerholz à jouer avec les conventions de la présentation muséale. En 1992, l'artiste est retournée dans son Allemagne natale pour participer à la prestigieuse *documenta* de Cassel. Le thème de cette exposition consistait à créer « un espace libre pour l'art, sans le détacher de ses conditions historiques et contemporaines »[11]. À la Neue Galerie de Cassel (un des nombreux emplacements où se tient la *documenta*), Grauerholz a accroché ses photographies parmi les vieux tableaux romantiques allemands. La Neue Galerie est surtout un « musée encyclopédique », c'est-à-dire un musée qui privilégie une lecture linéaire et conventionnelle de l'histoire de l'art, par catégories bien définies, et qui conçoit chaque période historique comme un ensemble homogène et cohérent. Bref, c'est un musée au service de la modernité. En insérant ses grandes photographies aux tons sépia parmi les peintures du XIXe siècle, Grauerholz a brouillé non seulement les classifications selon le support, mais aussi les classifications temporelles[12]. En créant un dialogue entre les deux moyens d'expression, elle a reconnu sa dette de photographe envers la tradition de la peinture allemande et a affirmé en même temps la crédibilité de la photographie face à la peinture en général. Plus encore, en brisant la linéarité du récit construit et institutionnalisé, elle a créé de soudaines interruptions dans l'histoire canonique de l'art et la généalogie esthétique. Ce faisant, elle a illustré que le système moderniste est rebelle à toute étude et à toute analyse socio-historique.

Grauerholz – Intervention au musée : domaine de Kerguéhennec

musées d'art (A,L,B)	artistes conceptuels (L,R)	photographes (A,L,R)	postmoderne (A,L,R)
RK.382	HG.96	HG.117	FL.3704
ALT musée d'art	ALT artiste conceptuel	ALT photographe	ALT postmodernisme

En 1993, Grauerholz a eu une autre occasion de dévoiler et d'exploiter les dispositifs scéniques du musée. Invitée à produire une œuvre au domaine de Kerguéhennec, un château-musée entouré d'un grand parc en Bretagne, elle a entrepris de faire de ce lieu même un terrain propice à l'imagination. Elle inventa autour de ses propres photographies une histoire selon laquelle celles-ci auraient été prises par une photographe du XIXe siècle[13]. Intitulée *Secrets, a gothic tale*, cette « fiction » lui permettait d'approfondir les questions sur la situation sociale des femmes, la nature de l'identité et les contraintes d'espace et de temps. Les photographies de paysages étaient librement exposées, sans code ni classification, dans les tiroirs de la bibliothèque du château, où quiconque pouvait y avoir accès s'il les trouvait[14]. En prenant connaissance du corpus photographique, le visiteur pouvait assister au déroulement d'un drame – rassembler des pièces à conviction, imaginer des relations, comparer les divers éléments. Grauerholz a minutieusement construit une mise en scène dans laquelle la signification des images devait être

---

10 —— *Ibid.*, p. 77.

11 —— *Documenta IX, Kassel 13. Juni – 20. September 1992 : Kurzführer/Guide,* Stuttgart, Éditions Cantz, 1992, p. 22.

12 —— Les photographies de Grauerholz – et c'est là leur caractéristique la plus flagrante – ont un tel pouvoir d'évocation que, comme beaucoup de peintures allemandes du début du XIXe siècle, elles transforment les paysages ou les intérieurs en espaces émotionnels. Souvent, les personnages tournent le dos au spectateur et regardent au loin; certains, qui semblent brûler de désir, se fondent dans le paysage. Grauerholz imprègne les décors naturels d'une atmosphère éthérée ou angoissante en recourant au mouvement et en jouant avec le temps de pose.

13 —— Ainsi qu'elle me l'a expliqué le 27 janvier 1995 : « Avec ce projet de photos, j'avais la liberté de prendre des images qui ne faisaient pas nécessairement partie de ma pratique – des images plus "picturales", jolies même, que je ne me permettrais habituellement pas de montrer. J'étais moins sélective, moins soucieuse du produit fini, de sorte que je me suis permis de m'intéresser à toutes sortes d'images. »

14 —— Au moment de la rédaction de ce texte en 1995, le projet de Grauerholz au domaine de Kerguéhennec continuait d'évoluer. Une quarantaine de photographies se trouvaient déjà dans les tiroirs et d'autres devaient être ajoutées au cours de l'été 1995. [Note : L'œuvre finale, *in situ*, comprenait approximativement quatre-vingts photographies, lesquelles se trouvaient dans la bibliothèque. Une série de huit photographies encadrées a été réalisée pour être exposée dans la salle de réception du château.]

déterminée à l'intérieur même de la bibliothèque – un lieu où l'on rassemble, recoupe et conserve de l'information. Mais qu'apprenons-nous de cette information? Quelle vérité nous révèle-t-elle? Dans *Secrets, a gothic tale*, Grauerholz a créé un événement; une simulation continue dans laquelle les images renvoient à d'autres images et se fondent dans le réseau subjectif par lequel le visiteur établit des liens et classe les données. Ainsi, le sujet ne peut-il être qu'une image de soi, impossible à distinguer catégoriquement des autres images.

Grauerholz – Archives photographiques – Retour au musée

musées d'art (A,L,B)	cartes albums (format cabinet) (L,N.R)	artistes conceptuels (L,R)
RK.382	VJ.76	HG.96
ALT musée d'art	ALT carte album (format cabinet)	ALT artiste conceptuel
photographes (A,L,R)	postmoderne (A,L,R)	
HG.117	FL.3704	
ALT photographe	ALT postmodernisme	

Maintenant seulement pouvons-nous aborder, quoique de façon sommaire, l'intention et le sens réels des archives *Églogue ou Filling the Landscape* de Grauerholz. Commençons par regarder cette œuvre, qui se sert de la structure des archives pour dévoiler le rôle que joue chez nous le musée dans la détermination de la production et de la réception de l'art. Comme ses œuvres précédentes, *Églogue* se situe dans la structure muséale. Elle fonctionne suivant l'hypothèse qu'elle est inscrite dans un système existant, avec tous les dispositifs institutionnels et les notions d'accumulation et de dépôt que cela comporte.

Ce qui frappe le plus dans ces archives posées au milieu d'une salle, c'est sa construction en plexiglas transparent. À travers le plexiglas de cet objet, qui est essentiellement un classeur, nous apercevons une série de plans et de compartiments qui forment six grands tiroirs. En nous déplaçant autour (les tiroirs sont faits pour être ouverts des quatre côtés), nous pouvons tirer sur les poignées et ouvrir les tiroirs pour regarder à l'intérieur, où se trouvent les boîtiers. Nous sommes donc invités à participer en cherchant tout ce qu'il y a à voir. Et nous découvrons sur chaque boîtier une colonne de mots. Ces mots renvoient à la topologie du paysage, mais ils ont aussi une connotation émotive – par exemple :

GROUNDS [terrain]

TENDED [entretenu]

PRESERVED [préservé]

ENCLOSED [enfermé]

SAFE [sécuritaire]

CAREFUL [soigné]

GUARDED [gardé]

Nous essayons alors de déchiffrer ce code, nous explorons. De spectateurs, nous devenons lecteurs, portant ainsi notre attention des éléments visuels aux éléments linguistiques. Les mots sont des fragments, des liens et des motifs imaginaires qui, ensemble, composent un rythme et, par conséquent, un poème. Nous sommes interpellés, nous nous demandons comment les mots sont reliés au contenu, à ce qui se trouve à l'intérieur. Notre imagination s'emballe. Nous voilà bien loin du système Dewey, ou de celui de la Library of Congress, ou même de l'*Art and Architecture Thesaurus*. La liste paraît insolite; on dirait une parodie des classifications normalisées. Les catégories de Grauerholz ne sont ni étroites ni rigides, elles sont suggestives, elles mènent à des idées, à des émotions. Quoique toute la structure de l'œuvre rappelle la précision de la bibliothéconomie, elle brouille la classification puisqu'il nous incombe de créer, par identification, de nouveaux sens. En fait, Grauerholz questionne la notion même de classification, ou l'idée qu'il puisse exister des catégories pures. Ses classifications nous invitent à trouver des liens possibles – toujours provisoires – entre différents points de vue et interprétations.

Quoique le caractère ironique des classifications nous incite à pousser plus loin l'exploration, toute tentative pour voir le contenu des boîtiers est contrecarrée par les normes muséologiques. Comme dans la plupart des institutions artistiques, des règles s'appliquent à la conservation des objets : *seuls* les représentants du musée sont autorisés, après avoir enfilé leurs gants de coton blanc, à fouiller dans les boîtiers (ce qui n'était pas le cas au domaine de Kerguéhennec, où les photographies étaient exposées dans des tiroirs ouverts). C'est le spécialiste de l'art, ou le conservateur, qui décide de ce qui est ou n'est pas révélé. Les visiteurs curieux se sentent alors frustrés. Après avoir été invités par l'artiste à « participer », ils se voient maintenant refuser toute autre forme de rapprochement avec l'œuvre. Or, Grauerholz exploite précisément cette frustration pour amener la réflexion sur les pratiques muséales d'exclusion. Tout cela fait partie de sa stratégie de questionnement sur le privilège – « qui choisit et contrôle *ce que* nous voyons et *comment* nous voyons? » – et mène à une question plus vaste : « qu'est-ce que cela nous dit sur l'histoire de l'art?» Grauerholz nous manipule pour nous offrir une autre grille d'interprétation de l'œuvre. En nous excluant, en nous refusant l'accès, elle nous fait découvrir les rouages du musée, son formidable pouvoir, sa stupéfiante complexité. L'inaccessibilité de l'œuvre se calque aussi sur la notion moderniste de l'objet d'art érigé en mythe et abrité dans le «temple» qu'est le musée. Confiné dans un espace où le spectateur est exclu, le contenu paraît énigmatique et précieux.

Ce n'est qu'après le dévoilement «officiel» du contenu des boîtiers que nous voyons qu'il s'agit de paysages – ou peut-être parce qu'ils sont archivés, serait-il plus approprié de parler de «vues» (comme les photographies stéréoscopiques du XIXe siècle). Quelle que soit l'appellation choisie, il devient évident, lorsqu'on retourne aux mots inscrits sur les boîtiers, que le premier mot de chaque séquence (GROUNDS, GARDENS, WATER, TREES, RIVER, CLOUD, etc. [terrain / jardins / eau / arbres / rivière / nuage], renvoie aux éléments topographiques illustrés sur les photographies contenus dans les boîtiers[15]. Préparés mentalement par ce texte, nous arrivons au contenu : des photographies ordonnées d'une nature désordonnée. Elles ont été prises dans des lieux et à des moments différents, mais chacune est complète en soi.

Tout comme les cartes géographiques, les paysages de Grauerholz nous emmènent aux royaumes de la perception, de l'imagination et de la fiction, produisent des espaces mentaux dans lesquels voyager. Mais contrairement aux archives photographiques du XIXe siècle qui prétendaient contenir la vérité, ces images suscitent un questionnement beaucoup plus vaste sur la représentation. Dans un catalogue d'exposition sur l'artiste, la conservatrice Paulette Gagnon explique, à propos de la photographie de paysages chez Grauerholz :

> Elle ne s'intéresse pas à la représentation de la nature comme telle, mais à l'idée du paysage comme création contradictoire et ambiguë. Le paysage devient presque une entité abstraite, non pas reproduite selon la stricte identité des éléments d'une réalité, mais traduite d'une façon mimétique qui en accentue l'éloquence, la gravité et le réalisme poétique. Certains paysages deviennent en quelque sorte des abstractions : ils servent, à partir d'un espace réel, d'introduction à un espace mental, sédimenté et flottant par rapport à une réalité connue[16].

Grauerholz attire aussi notre attention sur les lacunes et ruptures à l'intérieur et autour de chaque image, qui accentuent une distance, une discontinuité. Pourtant, si on les prend collectivement, leur caractère sériel nous pousse à les passer au crible – physiquement et mentalement –, à les arracher au statique, au purement visuel, pour les amener dans notre espace, celui de l'expérience vécue. Aussi, comme les cartes géographiques, ces photographies nous en disent-elles davantage sur nous-mêmes et sur nos propres manières de structurer et d'ordonner, que sur le monde. C'est pourquoi nous n'y trouvons pas de réalité objective, mais une projection de notre propre expérience.

Susan Sontag a écrit à propos des photographies : « Elles qui emballent le monde, elles semblent inviter à l'emballage[17]. » *Églogue ou Filling the Landscape*, en tant qu'« emballage » ou contenant des photographies de paysages, représente l'idée même du paysage en tant qu'expérience visuelle et spatiale, à la manière des archives photographiques du XIXe siècle qui « embrassaient une représentation complexe de l'espace géographique ». Le titre que Grauerholz a donné à son œuvre est fort approprié. Le mot *églogue*, dérivé du verbe grec *eklegein* qui signifie choisir (notons qu'au départ, l'églogue était une sélection, un passage dans une œuvre), désigne un petit poème pastoral, genre surtout connu grâce aux *Églogues* de Virgile. Or, *Églogue* repose sur le choix : d'abord, le choix, par l'artiste, des paysages à photographier; puis, le choix, toujours par l'artiste, des photographies à placer dans les archives; enfin peut-être, le choix, par le commissaire de l'exposition, des boîtiers à ouvrir, et, par conséquent, le choix d'un point de vue à privilégier. De plus, la poésie ne réside pas seulement dans le « poème » inscrit sur le boîtier, mais dans la manière dont l'artiste confère une résonance intérieure à la nature extérieure.

Les paysages que Grauerholz a choisis de photographier sont des plus banals et, à cause de cette banalité même, nous nous y reconnaissons. En photographiant des paysages familiers et en les situant dans une autre réalité extérieure, Grauerholz nous amène à leur donner un nouveau sens, par un processus d'identification. Ce sont des images d'une conscience collective – des dimensions de notre expérience commune de vivre. On a déjà beaucoup écrit sur ces images et sur leur rapport à la mémoire. Par exemple, Helaine Posner a écrit :

> Le miroir déformant d'Angela Grauerholz nous renvoie des images de gens et de lieux à la manière troublante et informe, mais extrêmement chargée, des rêves et des souvenirs. Lentement, ces images cessent d'être familières, deviennent incertaines, et par l'ambiguïté du temps et de l'espace le voyageur entreprend un parcours évocateur[18].

---

15 —— Le deuxième mot définit plus étroitement la catégorie, et les mots suivants sont des associations libres destinées à créer une atmosphère, un état d'esprit. Grauerholz expliquait le 27 janvier 1995 : « En principe, vous n'avez pas vraiment à regarder ce qu'il y a à l'intérieur. Vous n'avez qu'à lire les mots. Et à laisser aller votre imagination, qui est une combinaison de connaissances et d'expériences. Vous pouvez *imaginer*, tout simplement, ce qu'il y a dans la boîte. »

16 —— Paulette Gagnon, *Angela Grauerholz ou la création d'ambiguïtés qui contreviennent à l'usure du temps et des habitudes*, Montréal, Musée d'art contemporain de Montréal, Les Publications du Québec, 1995, p. 12.

17 —— Susan Sontag, *Sur la photographie*, trad. par Philippe Blanchard en collaboration avec l'auteure, Paris, Éditions du Seuil/Union générale d'éditions, coll. 10/18, 1983, p. 17.

18 —— Helaine Posner, « Days of Future Past », dans *Angela Grauerholz: Recent Photographs*, Cambridge (Mass.), MIT LIST Visual Arts Centre, 1993, p. 10.

Pour Cheryl Simon, les images évoquent des souvenirs, en créant une impression de déjà-vu :

> La technique de Grauerholz va au-delà de la simple expression personnelle chère aux pictorialistes. L'élucidation et la réinvention d'une perception collective subvertissent les notions d'originalité et d'illumination. Son insistance sur les «gens ordinaires» empêche tout reconditionnement idéologique. Ici, la réalité est construction et reconstruction, par le spectateur, de son propre passé[19].

Je n'ai pas l'intention de m'étendre davantage sur le fonctionnement de la mémoire dans chacune des images de Grauerholz, mais j'aimerais avancer l'idée que les archives et leur contenu s'apparentent à une mémoire. Grauerholz a fort bien intégré la photographie et la composante sculpturale des archives, créant, tant par la sculpture que par la photographie, un lieu où loger le souvenir. Ne dit-on pas couramment, à propos d'une information, «je vais garder cela en tête» – comme si le cerveau était un classeur où l'on emmagasine des connaissances que l'on pourra plus tard récupérer? On classe pour ne pas oublier. Mais combien de fois nous arrive-t-il d'oublier? Quoique les images de Grauerholz soient emmagasinées pour être remémorées, elles peuvent aussi être facilement oubliées, en raison de l'abondance d'informations contenues dans chaque image et de la grande quantité d'images. Nous nous souvenons généralement de ces images comme d'un tout, en oubliant les particularités de chacune.

Rappelons-nous aussi que la mémoire n'a pas sa place dans le modernisme. Le système moderniste a coupé l'art de la société et posé l'objet d'art comme expérience autonome. L'avant-garde historique a eu pour principe de briser l'homogénéité du modernisme en injectant dans son œuvre la mémoire – le fragment tiré tant de l'inconscient que de la réalité sociale de la vie quotidienne[20]. De même, Grauerholz récupère la mémoire et la situe dans les archives d'où elle pourra de temps à autre être extraite, mais, tel un souvenir, elle ne sera jamais saisie dans son entièreté. Les archives fonctionnent dès lors comme un lieu d'oubli tout autant que de mémoire.

Ce rôle dialectique fondamental est également reconnu par Andreas Huyssen qui, dans *Twilight Memories*, écrit à propos des musées :

> [...] le musée sert à la fois de chambre d'inhumation du passé – avec tout ce que cela comporte de pourrissement, d'érosion, d'oubli – et de lieu de possibles résurrections, si médiées et contaminées soient-elles, dans le regard du spectateur. Quelle que soit l'insistance avec laquelle, consciemment ou inconsciemment, le musée produit et affirme l'ordre symbolique, il y a toujours un surplus de sens, qui excède les frontières idéologiques, qui ouvre des espaces à la réflexion et à la mémoire contre-hégémonique[21].

Aujourd'hui, une bonne part de nos idées sur la mémoire se sont frayées un chemin jusqu'au royaume de l'informatique. Les images satellites (versions « mises à jour » du paysage, pourrait-on dire) sont encore archivées en tant que représentations fidèles du monde, classées par sujet, stockées dans des banques de données. C'est comme si plus on accumulait de mémoire, moins notre société était prête à se donner la peine de se souvenir.

Nous avons vu que, dans *Églogue ou Filling the Landscape*, Angela Grauerholz s'est servi de la structure des archives comme d'un lien avec le passé, un passé qui, à l'origine, a trouvé son sens dans la vérité. *Églogue* est aussi, nous l'avons vu, le lieu d'une interrogation sur l'espace institutionnel et ses modes de présentation. Grauerholz se sert du passé pour nourrir le présent et, ce faisant, nous guider vers une vision de l'avenir. En fin de compte, ses archives nous invitent à prendre conscience de la manière dont le musée procède ainsi que de notre position par rapport au musée. En s'orientant vers ce nouveau questionnement, elle a trouvé dans les archives photographiques un moyen particulièrement significatif de dévoiler les dessous de la pratique muséale, le rapport de la photographie à cette pratique et, par la suite, d'attirer notre attention sur la nécessité de revoir l'entreprise muséale et le concept même de musée.

Édition originale publiée en anglais par Oakville Galleries, 1995.

19 ___ Cheryl Simon, « The *Déjà Vu* of Angela Grauerholz », *Vanguard*, vol. 15, n° 2 (avril/mai 1986), p. 28.

20 ___ Voir Peter Bürger, *Theory of the Avant-Garde*, traduit de l'allemand par Michael Shaw, Minneapolis, University of Minnesota Press, 1984.

21 ___ Andreas Huyssen, *Twilight Memories: Marking Time in a Culture of Amnesia*, New York, Routledge, 1995, p. 15.

Sententia I – LXII 1998

Olivier Asselin

Photographing after the Fire: Archive and Fiction in the Work of Angela Grauerholz

There are many types of collections. Nothing is exempt: collections can be composed of artworks, natural specimens, photographs, books or documents – obviously – but also of postage stamps, coins, postcards, autographs, key rings, pins, stickers or coasters; even of hat labels, bills, hangman's ropes, toothbrushes or snow globes. There are also thematic collections that focus on a decorative motif, rather than on a type of object or material. Some collections conserve unique items; others assemble reproducible supports and mediums like paper, photographic paper, film or digital data. They may also be of varying degrees of accessibility, private or public, personal or institutional – housed in a cabinet of curiosities or a museum, a library, a cinematheque, an archive, a database or, of course, on the Internet.

Within this spectrum, photography occupies a special place. The photograph very quickly became a collectable object – although the art museum was slow in accepting it. More significantly, it has been considered since its invention as a means by which to collect. In the introductory address in which he speculated about the possible uses of the new medium, the politician and scientist François Arago first presented photography as the best way to keep an inventory of historical monuments.[1] From this perspective, the relationship between photography and collecting is a fundamental one, and the photographic archive could be seen as the collection of all collections.

---

1 ___ François Arago, *Rapport sur le daguerréotype* (Paris: Bachelier, 1839). This report was presented on behalf of Louis-Jacques-Mandé Daguerre to the assembly of the Chamber of Deputies on 3 July 1839, and to the Academy of Sciences and the Academy of Fine Arts on 19 August 1839.

The collection is also a particular way of organizing information. It classifies it (and makes it accessible) according to different systems – spatial, navigational, relational, networked, etc. It can arrange it historically, geographically or stylistically, numerically or alphabetically, or according to any other relevant system of classification. It can be presented in an architectural context, on shelves, in the drawers of a cabinet or on the pages of a website. But whatever the structure, the collection generally presupposes a certain equalization of the information presented and unhindered access to it.

In a sense, a collection is like a work of art: it offers an image of the world. For Michel Foucault, the museum and the library – like the garden and the cemetery – were *heterotopias*, closed places that present an inverted image of the social space at the very heart of the social space itself.[2]

But, conversely, the work of art is also itself a collection. Each work is a collection of materials, forms and motifs of diverse origin. And each work is also a collection of artworks – to the extent, at least, that it quotes other works: classical works are produced and received as collections of quotations of classical works; modern works also quote classical works, even if the intention is parodic; postmodern works do the same by quoting both classical and modern works and the institutions that accommodate them. Although the narrative and (later) the figure were for centuries the dominant models of the artwork, they may well have been supplanted by the collection. As Foucault wrote about two of the masters of modern (and postmodern) art: "Flaubert is to the library what Manet is to the museum. They both produced works in a self-conscious relationship to earlier paintings or texts … They erect their art within the archive."[3]

For many years, Angela Grauerholz practised photography as photography, producing both single images and series, like her ten portraits of women from 1984–85. But in the early 1990s, the artist began regarding her own images as collections, subsequently pursuing the reflection in more ambitious works that took the form of museums, libraries and archives. This change of perspective may seem like an epistemological break in the oeuvre – a shift to a higher, meta-discursive level – but the development probably masks a perfect continuity. And, paradoxically, it is not the recent archives that help us understand, retrospectively, the early images, but the images that give us the key to the archives.[4]

The Cabinet and the Tomb

Grauerholz's reflection on the archive was first manifested in *Secrets, a gothic tale* (1993–95). Commissioned by the contemporary art centre at the Domaine de Kerguéhennec, in Brittany, France – which is housed in an elegant château, built in the eighteenth century and surrounded by grounds laid out in the nineteenth – the work consists of a series of landscape photographs. They were displayed, however, not on the walls of the exhibition galleries but in the château's library, alongside the books, in the drawers generally used to store prints and maps. This displacement was highly significant: in their new context, the photographs were being presented less like contemporary artworks included in a temporary exhibition than as documents that were part of a historical archive. For, despite its apparent neutrality, the archive affects what it archives: it transforms everything into a historical document.

The impact of the displacement was, moreover, heightened by a strange narrative: Grauerholz made the photographs part of a paratextual fiction intimating that they were images created in the nineteenth century by an imaginary woman photographer – her *alter ego*. This recourse to *autofiction* may seem surprising, for it is not an approach the artist appears to have adopted either before or since. But appearances can sometimes be misleading.

Grauerholz pursued her reflection in *Églogue ou Filling the Landscape* (1995). But this time it was no longer simply a matter of inserting images into an already existing archive – a form of *in situ* art – but of actually constructing the archive itself – as an autonomous artwork. The piece consists of a Plexiglas cabinet composed of six large drawers, into which have been carefully placed a series of twenty-seven black portfolios containing 216 photographic prints taken by the artist. The images are classified according to a system of descriptive or connotative keywords that all relate to the landscape genre.

Églogue is thus a miniature portable archive: the cabinet is mounted on casters and the drawers have handles. But – another paradox – the spectator is not invited to touch either the cabinet or the collection. In an artistic context, this restriction is hardly surprising: museums generally strip objects of their functional value to focus exclusively on the expositional, appealing to sight rather than touch and allowing conservation to take precedence over pedagogy. This work's double bind – touch but don't touch – reveals the difference between the two types of collection represented by the archive and the museum.

2 _____ Michel Foucault, "Des espaces autres," [1967, 1984], in *Dits et écrits*, vol. 4, 1980–88 (Paris: Gallimard, 1994), pp. 752–762. Published in an English translation by Jay Miskowiec as "Of Other Spaces," *Diacritics*, vol. 16, no. 1 (1986), pp. 22–27.

3 _____ Michel Foucault, "La bibliothèque fantastique," in Gustave Flaubert, *La Tentation de Saint Antoine* (Paris: Gallimard, 1971), p. 12. This English translation by Donald F. Bouchard and Sherry Simon is from "Fantasia of the Library," in Donald F. Bouchard, ed., *Language, Counter-Memory, Practice: Selected Essays and Interviews by Michel Foucault* (Ithaca, New York: Cornell University Press, 1977), p. 92.

4 _____ On the subject of the archive in Grauerholz's work see, in particular, Marnie Fleming, *Putting the Past in Order* (Oakville: Oakville Galleries, 1995, reprinted in this catalogue) and Anne Bénichou, "Renouer avec l'esthétique de l'archive photographique," *CV*, no. 59 (November 2002), pp. 27–30.

Of the photographs, visitors are actually only permitted to see what the curator deigns to show them; which is to say nothing if the drawers and portfolios are closed, a few images if they are open. In either case, the spectator is invited to imagine the unseen and, more importantly, to experience the limits of visibility. This limit is in fact inherent to the archive, which by definition always keeps something *in reserve*, always contains more than we see. But *Églogue* pushes this characteristic to extremes: the archive, here, can potentially be nothing more than a closed storage container. And the dialectic is reinforced by the choice of materials: the Plexiglas allows the gaze to penetrate the cabinet, but the black cardboard of the portfolios prevents it from going any further.

But what is *Églogue* an archive of? Photographs, evidently – landscape photographs, as the subtitle proclaims and the keywords confirm. The views sometimes include a human figure, often placed in the centre foreground of the image. But this figure is generally seen from the rear, thus focusing attention on the landscape. So the archive is classified according to a *medium* and a *genre*. But it is also unified by a proper name, it is *monographic*: all the photos were taken by the same artist, Angela Grauerholz. This may seem a trivial thing – many collections are monographic – but it is complicated here by the fact that the collector is also the collected: she has collected herself, built an *autocollection*.

Sententia I – LXII (1998) is a similar type of archive, composed of a series of sixty-two of the artist's photographs contained in a specially constructed piece of furniture. In this case, though, the images do not lie horizontally in open drawers, but are presented back-to-back and under glass, in sliding vertical panels – thirty-one in all, each holding two pictures. The panels are contained in a large cherrywood cabinet.

Here, the archive seems to possess an almost religious quality – an impression heightened by the cabinet's odd base: in its form and material, in its horizontality, its opacity and, above all, its dimensions (238 cm long by 94 cm wide), the base resembles a coffin. The structure as a whole is like a strange funerary monument that brings together the artist's corpus and her corpse, the archive and the fiction of the artist's death.

These three works, then, are rooted in two central processes of Grauerholz's practice: *autocollection*, which, by means of the archive, makes images by the artist the very core of her works, and *autofiction*, which, by using narrative, presents the images as if they had been produced either posthumously or by someone else.

The Reading Room and Reconstruction

The installation *Reading Room for the Working Artist* (2003–04) may seem like another major shift in Grauerholz's work and her reflection on the archive. In this piece, the nature of the archive has changed. It is composed mainly of a wide range of materials found and collected by the artist: photographs, drawings and illustrations, film extracts, newspaper and magazine clippings, pages from catalogues, erudite quotes. Rather than being arranged in portfolios or displayed on panels, these diverse items have been assembled in a number of artist's books – twelve, in fact, printed but each unique. It is not the artist's own oeuvre that is documented by this archive, then, but artistic modernism as a whole – even the whole of the twentieth century. The criteria governing the documents' selection and classification are largely arbitrary, or at least idiosyncratic, but their goal is nevertheless historical.

This installation is not just an archive, however, but also a historical *reconstruction*. To display her material, Grauerholz has used as her model Alexander Rodchenko's famous reading room of the *USSR Workers' Club*, shown in 1925 at *L'exposition internationale des Arts décoratifs et industriels modernes* in Paris. The furniture consists of replicas of the pieces that appear in photographs of the original exhibition: double reading tables with twelve modern chairs and another table for playing chess. For most showings of the installation, the artist has also had the walls painted red, introduced a projection area and hung a reproduction of the cover of *Interview* magazine showing Rodchenko's poster for the film *Cine-Eye* that was included in the original Workers' Club, which, far more than a simple reading room, was also intended to serve as a leisure space and political education centre. Inscribed on the wall of Grauerholz's installation appears the word *biblioteka*, written in a font inspired by the one Rodchenko designed for the Lenin corner of his reading room.

Reconstruction has become a favoured form of history, much exploited even by art museums. To the extent that reconstruction and museums pursue the same goal – representation of the past – this is hardly surprising. But their methods remain different and even contradictory: reconstruction puts the emphasis on reproduction and simulation (it is based on metaphor and exhibition value), while the art museum focuses on the presentation of original artefacts (it is based on metonymy and cult value). This is why reconstruction remains difficult to assimilate by the institution. In any event, the *USSR Workers' Club* has been reconstructed on several occasions in museums, notably at The Museum of Modern Art, New York, in 1998, for the first North American retrospective of Rodchenko's work, and very recently at Tate Modern, London, for the 2009 exhibition *Rodchenko & Popova: Defining Constructivism*.

Any reconstruction involves a shift of both function and audience: it assigns a documentary function to what is reconstructed and directs it at an audience with an interest in history (either amateur or professional). But Grauerholz takes reconstruction in an unusual new direction, for she also transforms the reading room into a historical archive. The original room was intended to provide workers with a range of carefully selected newspapers and books aimed at their diversion and instruction, especially political. But Grauerholz has furnished the tables with a series of artist's books, conceived by her, that contain historical material she has accumulated over the years – a kind of history of twentieth-century modernity – and that are (judging by the installation's ironic title) intended for the working artist, or, in any case, for art enthusiasts.

Such a *détournement* – the inclusion of an archive within a reconstruction – may seem congruous with the historical approach, but it once again introduces, at the very heart of the work, the perverse figure of the *mise en abyme*: in a reconstruction of one of the key moments of modernism, the artist presents an archive of modernism that includes photos and designs of Rodchenko's original installation, which serves as the model for the reconstruction. And the *mise en abyme* operates in the other direction as well since the reconstruction containing an archive reflects the museum that contains the reconstruction.

The Database and the *mise en abyme*

After the exhibition of her *Reading Room*, Grauerholz continued adding to her personal archive. Recently, she has found a new outlet for her collection – not, this time, a cabinet or a book in a museum, but a website. The passage from museum to archive, from archive to library and from library to website may appear seamless but it actually involves a radical transformation of the documents themselves and of the value attributed to them. Previously, the archive was composed of unique objects whose value was cultic. Now, it brings together reproductions that have exhibition value. It has shifted from single documents to multiple documents of which numerous copies exist, from autographic mode to allographic mode, from material document to virtual document.

The artist has begun digitizing her documents and uploading them onto a website, *www.atworkandplay.ca* (2008), inaugurated in early 2009. The data are classified according to broad thematic categories and are made accessible on vertical bands imbedded in the introductory film. The categories comprise nine verbs (in both English and French) that can be related to the activities of the artist, and indeed of any human being: collect, construct, sense, dying, create, write, think, live, tame.

When the user clicks on one of the vertical bands, an image related to the activity opens up. If they then move the cursor across the image, a transparent grid appears.

Some of the grid's nine squares show another image or a quotation that announces other documents. If the viewer clicks on one of these squares, a new document appears, with another grid offering further links. And so on. On the right side of each page is a number identifying the document onscreen (the two first digits refer to the category under which the document is classified, the four others to the document itself), and a small cross offers access to a caption giving the source. At the bottom centre, a small abstract "in progress" sign and a counter record how much time the viewer has spent in the archive. Soothing music from the film plays in the background.

In this work, the content is extensive and varied – more so than in any of Grauerholz's other archives. The site contains close to 4,000 documents of all kinds, including documentary and art photographs, prints and diagrams, reproductions of artworks, film extracts, postcards, quotations from literary and (especially) scholarly works, press clippings, the covers and pages of books, catalogues and periodicals.

And the archive is not, of course, closed. It is, in fact, potentially infinite – already so at the *material* level. The spatial limits governing the traditional archive have no impact on its new digital counterpart: here, the only limits are technological, and these are being constantly pushed back. But Grauerholz's archive is also potentially infinite at the *conceptual* level, since she imposes no strict definition. Although the site presents the corpus of documents as a "history of modernism," its acquisitions are ultimately determined exclusively by the artist's (subjective) choice and the fortuity of her encounters. Admittedly, modern and contemporary art occupy a major place, with references to Courbet, Baudelaire, Picasso, Duchamp, the dadaists, surrealists and constructivists, Genet, the *Nouveau Roman*, Borges, Warhol, Maciunas, Gilbert and George, Clemente, Kiefer, Abramovic, Bustamante, etc. What is labelled (more or less accurately) "theory" (in fact, a certain *type* of theory) is also present, with such authors as Benjamin, Warburg, Wittgenstein, Bataille, McLuhan, Yates, Barthes, Jabès, Derrida, Buchloh, Krauss, Stewart, Agamben, etc. The archive is actually like an anthology of the names and ideas considered important today in a particular artistic and academic milieu. But it also contains a few documents related to popular culture, current events and society in general, with images and texts about the Paris Commune, the Elephant Man, Robert Louis Stevenson, Babe Ruth, news items, etc. A certain arbitrariness seems to prevail.

The archive also contains a large number of images and thoughts related to the archive in general (particularly, but not exclusively, in the *collect* category). And it contains, not surprisingly, images by Grauerholz herself. Here again, the collection is *mise en abyme* – it is itself illustrated, theorized and historicized, it is, again, an *autocollection*.

The autocollection is a form of *mise en abyme* (an image that represents itself). And this device is encountered frequently in modernity. Early on, it was at the heart of a form of modernism that used it to reveal the properties – physical, syntactic, semantic, pragmatic, aesthetic – of the artwork and of each art form, as part of a self-definitional quest for identity – early twentieth-century abstract art, for example. But modernity has also employed more ambitious *mises en abyme* that reflect not only the work itself but also its context, both its physical context and, more importantly, its institutional context: the museum and the art discourse, whether critical, theoretical or historical.

Similarly, autofiction (an image that imitates another image, an artist who imitates another artist) is an important genre in modernity. It was already quite common in Classicism and Neoclassicism, where the shared dream was clearly to produce works that imitated works of the past so perfectly that they could pass for works of the past. Autofiction was also employed in modern art to construct historical fictions around a work, as part of the paratext.

Autocollection and autofiction put the work and the artist in an institutionally and historically ambiguous – even impossible – position: the work is contained within the institution but mimics the institution's fundamental activities, it is located simultaneously in the past of history and in the present of the discourse that aims to represent it. The artist is simultaneously collector and collected, curator and artist, historian and history, theoretician and theorized, subject and object of the discourse.

These two strategies, which loop the loop of history, can reflect different aspects of the artwork and serve a variety of aesthetic and political ends. In serious mode, they are often used as a means of *self-legitimation*. In parodic mode, they are a way of *critiquing institutions*, with the works aping museum practices and historical discourses in order to show how they work and thus better resist them. In Grauerholz's practice, autocollection and autofiction may appear to have this self-legitimating and/or critical function. But they probably have other functions and other effects.

The Images and their Patina

Grauerholz's reflection on the archive could well have culminated in the open, infinite, virtual archive of *www.atworkandplay.ca*. But we are led to wonder, ultimately, about the meaning and function of this enterprise. Paradoxically, we perhaps need to go back to Grauerholz's own images, the early ones, those that today lie dormant among the infinity of others contained in the archives she has constructed.

Grauerholz's photographs are modest, even reserved. They generally show inanimate objects and uninhabited places, or else distant figures. They are often difficult to read and resistant to simple analysis. Nevertheless, these images possess an *autobiographical* dimension.

Because the subject is often moving, because the frame shifts and seems arbitrary, because even the light seems changeable, all the images appear to be rapidly-taken shots of a fleeting moment. They refuse to stabilize and perpetuate their subject: they reveal, on the contrary, its instability, its transience. But they do not, for all that, focus on a "decisive" moment: each of the moments is unique, but it is also banal. The images thus eschew the two standard times of photography – the time of monument and the time of event – to present another time, the time that has slowly but inexorably slipped away.

They are autobiographical in that their subjects frequently evoke everyday life and travel: people encountered, landscapes glimpsed, museums and sites visited, views taken from a plane or a train, a restaurant, the remains of a meal, a hotel lobby, a bedroom, etc. Despite their apparent reticence, these images are always extremely intimate.

The artist makes use of a range of techniques – camera motion and blurring, high contrast, diffused light and vignetting, black and white or sepia – which, because they recall early photographic effects, assign the images a source and an age that are not theirs. It is often difficult to pinpoint the era precisely: some evoke 1950s North America, but the majority take us to Europe sometime around the Second World War, or earlier, during the nineteenth century. A few seem to represent a place and time even further removed – archaic, antique: here, a Roman villa (probably in a museum), there, a forum. These photographs are a form of historical reconstruction: they are like those carefully patinated fake antiques so dear to lovers of the past.

Grauerholz's images always possess this fictional, autofictional dimension, by which they are historicized and self-historicized. They appear to have been taken by someone else, somewhere else, before, in another place, another time. And the images' large format, which accentuates grain but also openness, distance and proximity, encourages us to forget the present and plunge into the past.

Privation (2001) is unique within Grauerholz's oeuvre. Executed between the cabinets and the reading rooms, it can be related to the individual images and series, but also to the photographic archives. The work consists of a simple series of unique images, but this time they seem less like artworks than standardized documents. It is another photographic archive containing multiple images, but photography's status within the archive is different: it is no longer simply the object of the archive – it is the archive's principal method, the means employed to make the inventory.

What Grauerholz is documenting here is a library – her own library – destroyed in a fire. She does not show the site of the fire, only the burnt books. For this work, the artist abandoned the photographic style she had hitherto favoured (sometimes wrongly likened to Pictorialism) and adopted a more objective, methodical approach: she scanned the fronts and backs of the books, one by one, placing them centrally in a standard-frame close-up view that gives the whole series the look of a systematic inventory. This impression is reinforced by the enlarged images' identical format and their highly ordered installation in space.

The images allow us to reconstruct the library and its main themes – art history, philosophy, communications, theory, etc. But since it was a personal library, they sketch a kind of self-portrait, a self-portrait of the artist as an intellectual or, better yet, an autobiography. The photographs actually record the passage of time via the designs of the books they portray (which change from period to period), the development in intellectual tastes the books reveal and, inevitably, the effects of the fire that destroyed them, forever.

These photographs are magnificent: the words and images that appear on the books' covers or pages, the fire damage and the water stains create in each case a composition of colours, forms and textures that recalls the most beautiful abstract paintings. But everywhere, beneath this beauty, lurks the ever-present drama of the blaze.

Of course, they were only books, and books are replaceable, especially in this era of technical reproducibility and mass culture. But affectively speaking books are more than just material objects: they have an aura, a kind of humanity. This is in part because they are relics – small, portable personal objects that accompany us sometimes for the duration of a single reading, sometimes for a whole lifetime – but mostly because they are metaphors: they have individuality, verticality, a face, opacity, interiority; they contain words, ideas, feelings – like people. This archive of photographs of burnt books is like a portrait gallery of people who have died, a kind of *memorial*. And, oddly, Heinrich Heine's beautiful but sadly prophetic words come to mind: "Where they burn books, they will end by burning people."[5]

Postmemory and Melancholia

Grauerholz's images are filled with melancholia. The subjects are marked by loss: deserted landscapes, bare-branched trees, ruined buildings, silent libraries, people turning away, cemeteries and, always, fugitive moments. This sense of loss is naturally heightened by the photographic medium itself, which (as Roland Barthes has shown) is essentially funerary, and by the techniques employed by the artist, which result in images that are blurred and fleeting, barely visible, on the point of disappearing. Given the images' beauty and force, the reflection on the archive may seem secondary, even reductive. But it could in fact be a way of resisting the affective power of the images and of diverting attention – a defence mechanism, a rationalization. Nevertheless, the images draw us continually back.

Why such melancholia? Generally, in the mourning process, the subjects learn to gradually detach themselves from the lost object and to attach themselves to new ones. The aim is, in a sense, to "kill the dead." But this is often difficult or impossible. The subjects progressively lose interest in the world, think constantly about the loved ones, feel responsible for or identify with them, and end by incorporating them and all their affects into their own egos. The result is melancholia.

But in Grauerholz's images the melancholia is of another, more figurative sort. For what is the object of mourning? What loss is being ceaselessly commemorated here? The loss of nothing in particular and of everything in general. Not of the people in the photos, nor of the books, the interiors or the landscapes as such, but of all this and more. The images seem to be commemorating a deeper loss, for which the objects represented are but a metaphor (an *objet petit a* in the Lacanian sense). It is as if the object of mourning is time itself.

This is why Grauerholz's images, individually and as a corpus, possess a traumatic dimension. A trauma is a life event of such power that it cannot be assimilated by the subject – neither conceived, nor verbalized, nor recalled. But whether repressed (as in neurosis), denied (as in perversion) or foreclosed (as in psychosis), it remains in the psyche as a "foreign body." And its power is such that it conditions not only all memories but also all experience of the present.

Is it possible that beneath these images, at the heart of the archives, in its absent centre, lies the unbearable memory of the Holocaust? Nowhere is it referred to *literally*, yet the thought is perhaps evoked *figuratively* everywhere – in the *substituted* subjects, photographic techniques and archives, in the metonymies and metaphors, the displacements and condensations, the *fragments* and *fictions* that are the trace or possess the form of memory, in the absence of the memory itself, and that commemorate without showing. It is almost as if the goal were to photograph and collect everything but that which it is still difficult, if not impossible, to represent.

Things become more complicated when these figurations are *fictionalized* and *mises en abyme*. When the aesthetic techniques imitate the patina of time and the work itself is included in an archive, there occurs a double *historicization* of the present – a transformation of the present into the past. In this historicization process, the present is neither monumentalized nor relativized: it is virtually eclipsed. For if this

5 ____ Heinrich Heine, *Almansor*, 1823. For more on this subject, see Lucien X. Polastron, *Livres en feu. Histoire de la destruction sans fin des bibliothèques* (Paris: Denoël, 2004); published in an English translation by Jon E. Graham as *Books on Fire: The Destruction of Libraries throughout History* (Rochester, Vermont: Inner Traditions, 2007).

historicization is a way of recalling the past more effectively, it is also a way of forgetting the present. The work thus places us in a paradoxical situation, a kind of double bind from which the ego can only extricate itself by splitting and occupying two temporally incompossible places: the work invites us to commemorate the past as if we had died with it. This may be a way of dealing with the guilt that is, today, our lot.

Some might, in the name of authenticity, take exception to this rhetorical, poetical approach. But it may now be inevitable. After the era of silence and the era of the archive, we have perhaps entered the era of art and fiction. With the death of witnesses and the drying up of documents, the archives are complete, and their endless revisiting may appear to be the only possible form of commemoration. But fiction can renew our relationship with the past, serving not so much to preserve as to transmit its memory – to bring it to life and to light. And the best fiction is possibly the one that problematizes the past and presents it in all its complexity. Between an "excess of forgetting" and an "excess of memory,"[6] true memory may well be critical memory, which constantly questions the nature of true memory.[7]

The End of Memory and the Beginning of History

In his introductory essay on the "realms of memory,"[8] Pierre Nora reflects on the current proliferation of commemorations – ceremonies, monuments, museums, libraries, archives. The historian sees this trend as a symptom of the acceleration of time[9] and of a radical change in our relationship to history. The present is no longer perceived as the continuation of a still living past, but as the point of rupture with a past that is forever dead. In days gone by, the past was experienced in *memory*, a spontaneous memory, at once personal and collective, acquired through experience, preserved and transmitted down the generations by the traditional institutions of family, church, school and state. Today, the past is not experienced through living memory but reconstructed by history, a history that is artificial, intentional and critical – essentially individual. "Memory is constantly on our lips because it no longer exists,"[10] observes Nora. "What we call memory today is therefore not memory but already history. The so-called rekindling of memory is actually its final flicker as it is consumed by history's flames."[11]

For Nora, memory is today essentially *archivistic*, focused on collecting and registering; it is interested in remains, monuments, documents, recordings. It is material and sensorial; it favours objects, images and sounds. It cultivates the presence of the past or its meticulous reconstruction, as witness the revival of orality, the return of narrative and the importance of the image – especially the indexical image, as in photography and film. Today's memory is based on an "obsession with the archive," which seems to

have the unattainable goal of the comprehensive preservation of the whole of the past
– but also of the present – as if everything already possessed historical significance or
might one day acquire it, and thus warrants being immediately archived and protected
against the passage of time.[12]

Exploring the subject more recently, François Hartog has reached similar conclusions.[13] Drawing on Reinhart Koselleck's ideas concerning the experience of historical time,[14] Hartog also attempts to define the contemporary "regime of historicity."
While the old regime was characterized by *passéisme* (which takes the past as its model
and presupposes an asymmetry between experience of the past and expectations for the
future) and modernity by *futurism* (which places its faith in progress and presupposes an
opposite asymmetry between past and future), today's world is given up to *presentism*
– a maximal distance between the realm of experience and the horizon of expectations,
a suspension of historical time in an omnipresent present. Hartog writes:

> The light projected by the future is dimming, the unpredictability of what is to come
> is increasing, the present has become the predominant category, and the recent past
> – whose failure to pass surprises some, but whose passage is a matter of anxiety to
> others – insists on being constantly and compulsively visited and revisited.[15]

For Hartog, the current preoccupation with memorialization does not run
counter to presentism; on the contrary, it is both a response to and a symptom of this
new regime of historicity. Just as Nora saw an obsession with the archive as being the
essential feature of the new historical memory, Hartog sees patrimonialization as being
the core of contemporary presentism.

---

6 ___ Paul Ricœur, *La mémoire, l'histoire, l'oubli* (Paris: Seuil, 2000); published in an English translation by Kath-
leen Blamey and David Pellauer as *Memory, History, Forgetting* (Chicago/London: The University of Chicago Press, 2004), p. xv.

7 ___ Régine Robin, *La mémoire saturée* (Paris: Stock, 2003).

8 ___ Pierre Nora, "Entre Mémoire et Histoire. La problématique des lieux," in Pierre Nora, ed., *Les lieux de
mémoire*, vol. 1, "La République" (Paris: Gallimard, [1984] 1997), pp. 23–43; published in an English translation by Arthur Goldhammer as *Realms of Memory*, Lawrence D. Kritzman (ed.) (New York: Columbia
University Press, 1992). Pierre Nora's general introduction to the English edition is titled "Between
Memory and History," pp. 1–20.

9 ___ This idea probably comes from Daniel Halévy, *Essai sur l'accélération de l'histoire* (Paris: Fallois, [1948]
2001). See also Jean-Noël Jeanneney, *L'histoire va-t-elle plus vite? Variations sur un vertige* (Paris:
Gallimard, 2001).

10 ___ Nora, "Between Memory and History," p. 1.

11 ___ Ibid., p. 8.

12 ___ On the subject of the archive, see also Jacques Derrida's *Mal d'archive. Une impression freudienne* (Paris:
Galilée, 1995); published in an English translation by Eric Prenowitz as *Archive Fever: A Freudian Impression*
(Chicago: University of Chicago Press, 1996).

13 ___ François Hartog, *Régimes d'historicité. Présentisme et expériences du temps* (Paris: Seuil, 2003).

14 ___ Reinhart Koselleck, *Futures Past: On the Semantics of Historical Time*, Keith Tribe (trans.) (Cambridge, MA:
The MIT Press, [1985] 1990).

15 ___ Hartog, *Régimes d'historicité. Présentisme et expériences du temps*, p. 153.

Today, the past is constantly presentified, as though the main goal were to experience the past, by any means: the past, the sensory past, takes precedence over history, "the presence of the past, its evocation and emotion, prevails over distancing and mediation."[16] And, conversely, the present is immediately historicized, as though everything were always already historical or soon to become so: events now come hard-wired for "self-commemoration," objects for instant "museification."

This passion for memorialization has various sources. But it is undoubtedly linked to the spread of capitalism and its unique temporality. The acceleration of exchange, production and consumption has upset traditional continuities (experience fragments, the family weakens, communities multiply, society atomizes) and has triggered many forms of identity crisis, both individual and social. In our contemporary world, the obsession with preservation may well be a defence mechanism against the speeding up of time and history – a reassuring refuge from endemic disaffiliation.

Reading Room for the Working Artist 2003–2004

Untitled/Sans titre
(Artists regrouping)

172

Vorbilder
(models/modèles)

A.M. Rodchenko
Reading Room of the USSR Workers' Club

Photograph taken by a workshop at a Soviet workers' club, 1925.

Rodchenko playing chess

Man Ray and Marcel Duchamp

Marcel Duchamp: **The Bride Stripped Bare By Her Bachelors, Even**, or typographic version by Richard Hamilton of *Marcel Duchamp's Green Box*, translation George Heard Hamilton, edition Humphry Jarger, Stuttgart, London, Reykjavík, (1960, 1963) 1976

'prime words'

One of the fundamental concepts through which Duchamp theorized the linguistic readymade is his notion of the "prime word," described in a note from *The Green Box*.

The search for "prime words" ("divisible" only by themselves and by unity).

Take a Larousse dict. and copy all the so-called "abstract" words, i.e., those which have no concrete reference.

Compose a schematic sign designating each of these words (this sign can be composed with the standard stops).

These signs must be thought of as the letters of the new alphabet.

A grouping of several signs.
(utilize colors—in order to differentiate what would correspond in this [literature] to the substantive, verb, adverb declensions, conjugations etc.)

In this note Duchamp suggested a two-part process: taking words from the dictionary that have no concrete referents and then transposing these words into the elements of a new alphabet. As in To the where measurement is put in abyme the word here undergoes an infinite regress. An already arbitrary signifier—what Duchamp called an "abstract word"—is displaced from the differential semiotic economy of language (whose locus is the dictionary) to the equally arbitrary vocabulary of painting ("utilize colors—in order to differentiate what would correspond in this [literature] to the substantive, verb, adverb declensions, conjugations etc.) Duchamp thus established a bilateral relay of identification between the arbitrary signifiers of language and their equally differential counterparts in painting. The result is the "prime word," which, stripped of its function as a means of signification, regresses into pure materiality.

Two textual works of 1915 and early 1916 respectively, "TM" and *Rendezvous of Sunday, February 6, 1916*, actualize Duchamp's search for "prime words." The purpose of both texts was to invent grammatically correct sentences that were nevertheless completely incoherent. "TM" was written in English, soon after Duchamp's arrival in New York, while he was still mastering the language. Whatever the article the would have appeared in the handwritten manuscript, Duchamp inserted an asterisk. The text was lighthearted and completely incomprehensible; its first sentence is typical: "if you come into * linen, your time is thirsty because" ink saw some wood intelligent enough to get goddexes from a sister." *Rendezvous of Sunday, February 6, 1916* is a typewritten text in French on four postcards taped together to form a windowlike grid. Although they are linked in this way, the sentences are not continuous from one card to the next. Duchamp explained his concept for the work to Arturo Schwarz:

There would be a verb, a subject, a complement, adverbs and everything perfectly correct, as such, as words, but meaning in these sentences was a thing that I had to avoid ... the verb was meant to be an abstract word acting on a subject that is a material object; in this way the verb would make the sentence look abstract. The construction

174

Photographs, newspapers and magazines, fan letters, business and personal correspondence, source images for art work, books, exhibition catalogues and telephone messages, along with objects and countless examples of ephemera—such as announcements for poetry readings and dinner invitations—were placed on an almost daily basis into a box kept conveniently next to his desk. Time Capsule #1, for example, contains a 19th-century German book on wrestling. Letters received by Warhol while he was hospitalized following a 1968 assassination attempt are found in Time Capsule #4. Other unusual items include a mummified foot, silverware he kept from a flight on Air France, a large banner created for a Rolling Stones tour, and a pair of white leather cowboy boots. When he died, Warhol had created over 600 Time Capsules.

For scholars of Warhol and postwar American culture, the Time Capsules are a treasure trove of new and important information. Through invoices, bank statements and other financial information, researchers are beginning to unravel the complexities of Warhol's business practices. Scripts, cast lists and reels of previously undocumented motion picture film have provided historians studying Warhol's film work with a wealth of new detail. Rare exhibition catalogues and announcements, press releases, correspondence and installation photographs have allowed art historians to study more thoroughly the critical and public reactions to Warhol's art, and to sort out the difficult questions of exhibition history and provenance. Visitors to the Warhol Museum discover that the archival material is fully integrated with the art collections to provide a broad social and historical context for understanding Warhol's work.

Warhol's Time Capsules also occupy a significant place in his total artistic production. Warhol labored continuously to document everything he could. Like his films and audio tape recordings, the Time Capsules are a further attempt to capture time and human experience in an indiscriminate way. The films and audiotapes elevate the most mundane action or conversation to the level of art, and a similar status is conferred on the material in the Time Capsules. The Time Capsules are also linked to works by other artists. Both Marcel Duchamp and Joseph Cornell, artists whom Warhol knew and admired, created box-like objects that, like the Time Capsules, can be read as a form of autobiography. The Time Capsules share a kinship with the German *Wunderkammer*. Popular in the 17th and 18th centuries, these cabinets of curiosities were created by collectors to exhibit their treasures. They often contained a highly eclectic assortment of objects—architectural fragments, travel souvenirs, scientific instruments, engravings and oddities of nature. Though rarely of great value, they often revealed a great deal about the tastes and interests of their owners.

Gerhard Richter
Atlas

This work was first shown in December 1972 in Utrecht.
The book was first published in 1989 in München.
Verlag Fred Jahn, with an introduction by Armin Zweite.

Armin Zweite, *Gerhard Richter: Atlas*,
München, Museum Ludwig, 1 essays,
Verlag Fred Jahn, München, 1989.

Untitled/Sans titre
(circular)

THE IDEAL CITY

THE LIBRARY IS ENDLESS

I declare that the Library is endless. Idealists argue that the hexagonal rooms are the necessary shape of absolute space, or at least of our perception of space. They argue that a triangular or pentagonal chamber is inconceivable. (Mystics claim that their ecstasies reveal to them a circular chamber containing an enormous circular book with a continuous spine that goes completely around the walls. But their testimony is suspect, their words obscure. That cyclical book is God.) Let it suffice for the moment that I repeat the classic dictum: The Library is a sphere whose exact center is any hexagon and whose circumference is unattainable.

Plan of Filarete's ideal city of Sforzinda (from the 1465 Filarete treatise), illustrations from Leonardo Benevolo, *History of the City*, Frankfurt am Main/New York, 1983.

Jorge Luis Borges, "The Library of Babel," in *Collected Fictions*, translated by Andrew Hurley, Penguin Book, New York, 1998.

Max Ernst, Rêve d'une petite fille qui voulut entrer au carmel, George Braziller, Inc., New York.

THE BIBLE

Epiphytes

These spectacular ferns originated in Africa and Australia. They are epiphyllous; that is, they adhere to other plants though they do not draw any nutrients from them.
They produce two types of fronds or leaves. The smaller, sterile fronds attach the plant to its support. They accumulate organic debris which supplies nutrients to the plant and helps to retain moisture. The fertile fronds develop from the centre of the plant and can grow up to three meters in length for some species. The sporagia are grouped together to form large brown masses under these leaves. Sporagia are the organs which enclose the spores.

Les jardins botaniques de Montréal

Embrace

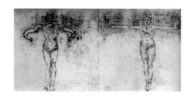

La Piazza di San Pietro

COUPLES

GILBERT AND GEORGE

LES CASES CONJUGÉES

OPPOSITION

Untitled/Sans titre
(Courting Death)

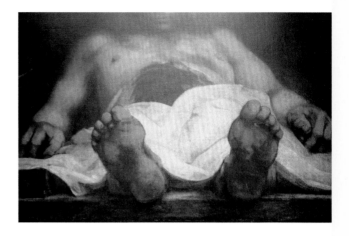

Marcel Proust, 1922, photograph by Man Ray.

(Bottom illustration) "Death of Leonardo da Vinci" by François Ménageot

Seen from the air, millions of tires sit in Saint-Constant awaiting shipment to local Lafarge Canada cement plant for burning (photograph by Allen McInnis).

Sarah Lucas, Is Suicide Genetic?, 1996.

THE MUSEUM OF DEATH

photographed by *Daniel Hennessy*

Have you ever driven by a car accident and eased your body parallel with nervous energy until first, and a change set takes us rapidly? If so, then you know you've taken your next step, like Museum of Death in Hollywood, CA to explore. Why don't you to believe houses with glass holograms. This is a museum that chronicles varied periods of presence and human deaths, ranging from car accidents to serial killers, with american abortion past to sequence killers and cults. The museum survey came some bodies of the famous bodily killings or original Sharon Tate and her co-in's murder, along with actual photos, brutally beaten bodies, and gifts reminder to near a real bed. Even a large screen of people living in a house offering simple weight in museum reverend hands. Images and the special effects in display data. It is no wonder that so people have already leaned in the museum this year.

Who is funded this bizarre slice of life? One word is "James Dean Gaz" that is not the cause lovely and her wife Cathee Shultz, a couple who met

and feel 28 years ago after a short visit traumatic, some uneasy kinds of being against one viewers obsessed with death. But is actually, they are best examples of the behavior it "freaks of..." Never mind that it only takes two minutes and five books to draw more-that walks below. The reverence lies in their love route to consciously create a change about the data enormous aspects of human nature and the general facts of life. Shultz sees their work as an "totally" responsibility to all questions, hold it up to people, and say, "This is you, this is your facility." I'm just here to show it to you." Whether perceived as morbid or creeping, the Museum of Death offers a thought-provoking attraction with one's mortality.

For more information 12x10 and drop at www.museumofdeath.com

—*Otto Hennessey*

FIRST UNDERWATER PHOTOGRAPH

FETUS, NATURAL HISTORY MUSEUM, PARIS

As far as bodily space is concerned, it is clear that there is a knowledge of place which is reducible to a sort of co-existence with that place, and which is not simply nothing, even though it cannot be conveyed in the form of an [objective] description or even pointed out without a word being spoken.

Maurice Merleau-Ponty, *Phenomenology of Perception*

Entrance Hall, Zurich

Buckminster Fuller's Dome, Montréal

Beatriz Colomina: But the breakdown

But the breakdown between inside and outside, and the split between sight and touch, is not located exclusively in the domestic scene. It also occurs in Loos' project for a house for Josephine Baker (Paris, 1928) a house that excludes family life. However, in this instance the "split" acquires a different meaning. The house was designed to contain a large top-lit, double-height swimming pool, with entry at the second-floor level. Kurt Ungers, a close collaborator of Loos in this project, wrote:

The reception rooms on the first floor arranged round the pool—a large salon with an extensive top-lit vestibule, a small lounge and the circular cafe indicate that this was intended not for private use but as a miniature entertainment centre. On the first floor, low passages surround the pool. They are lit by the wide windows visible on the outside, and from them, thick, transparent windows are let into the side of the pool, so that it was possible to watch swimming and diving in its crystal-clear water, flooded with light from above an *underwater revue*, so to speak. [10] [author's emphasis]

As in Loos' earlier houses, the eye is directed towards the interior, which turns its back on the outside world; but the subject and object of the gaze have been reversed. The inhabitant, Josephine Baker, is now the primary object, and the visitor, the guest, is the looking subject. The most intimate space — the swimming pool, paradigm of a sensual space — occupies the center of the house, and is also the focus of the visitor's gaze. As Ungers writes, entertainment in this house consists in looking. But between this gaze and its object — the body — is a screen of glass and water, which renders the body inaccessible. The swimming pool is lit from above, by a skylight, so that inside it the windows would appear as reflective surfaces, impeding the swimmer's view of the visitors standing in the passages. This view is the opposite of the panoptic view of a theater box, corresponding instead to that of the peephole, where subject and object cannot simply exchange places. [11]

The *mise-en-scène* in the Josephine Baker house recalls Christian Metz's description of the mechanism of voyeurism in cinema:

It is even essential... that the actor should behave as though he were not seen (and therefore as though he did not see his voyeur), that he should go about his ordinary business and pursue his existence as foreseen by the fiction of the film, that he should carry on with his antics in a closed room, taking the utmost care not to notice that a glass rectangle has been set into one of the walls, and that he lives in a kind of aquarium. [12]

But the architecture of this house is more complicated. The swimmer might also see the reflection, framed by the window, of her own slippery body superimposed on the disembodied eyes of the shadowy figure of the spectator, whose lower body is cut out by the frame. Thus she sees herself being looked at by another: a narcissistic

Synchronized Swimming Team

Adolph Loos: Lina Loos' bedroom

Flâneuse

"She is a girl and would not be afraid to walk the whole world with herself."

Il neige au soleil

Leonardo da Vinci, Diagram of light falling on a sphere, ca. 1490.

Paul-Émile Borduas, **La chambre ouverte**, Venise, 1958 (Archives Michel Camus.)

SCHRIFTBILDER

FIVE QUATRAINS BY OMAR KHAYYAM

Persian

Persian is an Indo-European language belonging to the same group as Latin and French and has nothing in common with Arabic, which is a Semitic language. However, like the Turks, the Persians took their writing script from the early Arabic script and adapted it to their needs.

The use of Arabic script was even more widespread than that of the spoken language. Areas as far apart as North Africa, Asia Minor, India and parts of China were all subject to the Islamic conquest and all came to adopt its writing system.

For Muslims, writing has a sacred character. The prophet Mohammed is believed to have recorded the word of Allah directly, with no intermediary.

In contrast to Persian manuscript, where people are depicted, the representation of Allah and Mohammed is forbidden for Muslims.

186

Edward Hopper, Hotel Room, 1931.

Letter to Man Ray by Tristan Tzara on Dada Stationery, 1921.

SHORTHAND, an abbreviated system of writing that utilizes symbols or short alphabetic combinations to facilitate rapid recording of the spoken word. Egyptian hieroglyphics are often regarded as one of the earlier systems of shorthand. There is also evidence that the ancient Greeks

The first significant shorthand publication, Timothy Bright's Characterie: An Arte of Shorte, Swifte, and Secret Writing by Character, was printed in England in 1588. In 1602 John WiIlis in his Art of Stenographie introduced a system of shorthand based almost entirely on the alphabet. Another alphabetic system was introduced by Thomas Gurney in 1750. For years Gurney shorthand was the official system used for recording the sessions of the British Parliament. Some 35 years later Samuel Taylor invented a system of shorthand that did more to promote the growth of the art than any of its predecessors.

PITMAN SYSTEM. It was not until 1837 that shorthand became popular. In that year Isaac Pitman published the first edition of his system. Pitman shorthand soon spread from England to other parts of the world, and was brought to America in 1852 by Isaac's brother, Benn Pitman.

Unlike several of the systems that preceded it, Isaac Pitman's system was based on phonetics (that is, the sounds of words) rather than the alphabet. It is often termed a geometric system. Straight lines and circular curves are used to form the outline of the symbol for the word or words. The outline may be placed in one of three positions—above the normal line of writing, on the line, or through the line. The position is determined by the first vowel sound of the word. By using various positions, the writer can use a single outline to represent any of three different words. Shading, a thickening of the character, is used to indicate heavy consonant and vowel sounds. Vowels are disjoined from the outline and are indicated by dots and dashes. Abbreviations for common words and phrases are used.

GREGG SYSTEM. Gregg shorthand, developed in England in 1888 by John Robert Gregg, is taught in approximately 99% of the towns and cities of the United States and Canada. Gregg designed his system to be cursive rather than geometric in an attempt to approximate the style of longhand more closely. The Gregg system also uses straight lines and curves to form the outline of the symbol for the word or words. Since the vowels in Gregg are joined to the outline, line position is of little importance. Shading is also eliminated. All symbols are of the same thickness. Abbreviations for common words and phrases are used.

OTHER SYSTEMS. Another form of shorthand employs the use of an instrument called a stenotype that closely resembles a hand-operated adding machine. It was invented about 1880. Its keyboard

Orgueilleux

Yves Klein, Un homme dans l'espace, 1960.

Jacques-André Boiffard, Untitled, 1930.

Anonymous, Flying machine of Santos-Dumont at the Eiffel tower, 1901.

Chinese diver caps comeback

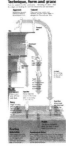

Hurricane Frances toppled this replica of the Mercury-Redstone rocket at the Kennedy Space Centre in Titusville, Florida. A rocket similar to this one was used in 1961 to launch Alan Shepard into a suborbital mission. (Photo: Charles W. Luzier/Reuters)

René Magritte, Marcel Marïen, 1968

Washed Water

Pure

MR. PALOMAR
ON THE BEACH

Reading a wave

The sea is barely wrinkled, and little waves strike the sandy shore. Mr. Palomar is standing on the shore, looking at a wave. Not that he is lost in contemplation of the waves. He is not lost, because he is quite aware of what he is doing: he wants to look at a wave and he is looking at it. He is not contemplating, because for contemplation you need the right temperament, the right mood, and the right combination of exterior circumstances; and though Mr. Palomar has nothing against contemplation in principle, none of these three conditions applies to him. Finally, it is not "the waves" that he means to look at, but just one individual wave: in his desire to avoid vague sensations, he establishes for his every action a limited and precise object.

Mr. Palomar sees a wave rise in the distance, grow, approach, change form and color, fold over itself, break, vanish, and flow again. At this point he could convince himself that he has concluded the operation he had set out to achieve, and he could go away. But isolating one wave is not easy, separating it from the wave immediately following, which seems to push it and at times overtakes it and sweeps it away; and it is no easier to

Katsushika Hokusai (1760-1849)
Under the Wave, off Kanagawa (The Great Wave)
From the series Thirty-Six Views of Mount Fuji 1830-33
The British Museum, London

190

Following page: Carrying water in Tanzania

Water Treatment Plant, Chelsa to Rio, in operation since 1896

and free.

Zootomie

Book review of Felipe Fernández-Armesto's *So You Think You Are Human? A brief History of Humankind*, Oxford University Press, 2004, by Ian Tattersall, found in the spring issue of the LONDON TIMES LITERARY SUPPLEMENT

"The Antiquarian Monkey", 1740, by
Jean-Baptiste Chardin; from *So You Think
You're Human?*

INVITATION CARD FOR A PHOTOGRAPHIC EXHIBITION

TATTOO

Photograph by Lise May Post, *Trying*, 1998

Throat of a man with tattoo of two palm trees framing a hunter riding on elephant, and aiming his gun, Pathologisch-anatomisches Bundesmuseum, Vienna, 1979

MATING

R.B. Kitaj, *My Cat and Her Husband*, 1977 (postcard Tate Gallery, London)

ITALO CALVINO

LOVES OF THE TORTOISES

There are two tortoises on the patio: a male and a female. Zlak! Zlak! Their shells strike each other. It is their mating season.

The male pushes the female sideways, all around the edge of the paving. The female seems to resist his attack, or at least she opposes it with inert immobility. The male is smaller and more active; he seems younger. He tries repeatedly to mount her, from behind, but the back of her shell is steep and he slides off.

Now he must have succeeded in achieving the right position: he thrusts with rhythmic, cadenced strokes; at every thrust he emits a kind of gasp, almost a cry. The female has her foreclaws flattened against the ground, enabling her to raise her hind part. The male scratches with his foreclaws on her shell, his neck stuck out, his mouth gaping. The problem with these shells is that there's no way to get a hold; in fact, the claws can find no purchase.

Now she escapes him; he pursues her. Not that she is faster or particularly determined to run away: to restrain her he gives her some little nips on a leg, always the same one. She does not rebel. Every time she stops, the male tries to mount her; but she takes a little step forward and he topples off, slamming his member on the ground. This member is fairly long, hooked in a way that apparently makes it possible for him to reach her even though the thickness of the shells and their awkward positioning separates them. So there is no telling how many of these attacks achieve their purpose or how many fail, or how many are theater, playacting.

It is summer; the patio is bare, except for one green jasmine in a corner. The courtship consists of making so many turns around the little patch of grass, with pursuits and flights and skirmishing not of the claws but of the shells, which strike in a dull clicking. The female tries to find refuge among the stalks of the jasmine; she believes—or wants to make others believe that she does this to hide; but actually this is the surest way to remain blocked by the male, held immobile with no avenue of escape.

HICKEN'S FUR-BEARING TROUT
Clifford Lake

Seafood

Photograph: Gail Harvey

Taronga Zoo, Sydney, Australia   Palm Walk, 17th Century Oriental M.S. (postcard)

Untitled/Sans titre
(Silence)

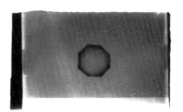

GEGENEXPERIMENT ZUR FLUIDALFOTOGRAFIE

Louis Draget (Fotografie beschriftet von Louis Draget), c. 1900.

Adrien Guebhard, *Untitled*, c. 1897/98.

Les yeux sont ils
Fermés ou Ouverts

La coquetterie
René Magritte
Paris, Le Jardin des Plantes, 1928

Anton Giulio Bragaglia, *Eine Kopfgeste* (fotodynamische Fotografie), 1911

194

Truckee, 9 June 1962, ten miles south of Christmas Island. Truckee's debris cloud seen from Christmas Island catching the first rays of sun at dawn. Image by the US Air Force 1352 nd Photographic Group.

Anna Blomsten

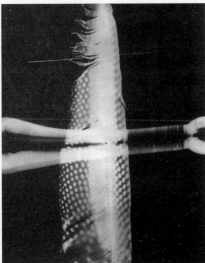

Next to Nothing

At first there was sand, and the sound of breathing
and no one was sure of where we were
When we found out. It was much too late.
Now nothing can happen and as it has to happen
And then I was alone, and it did not matter.
Only because by that time nothing could matter.

The next year there were knifing matches on the shed ice
I thought the people are ready for it, the anger and.
Total involvement. A new concept in sports.
The loser does not leave the ring alive.

But no one can know when he is until he knows when he
has been.
I sat quietly, and the air changed then, and I looked up
And the black branches trembling in the living water
stirred slowly with the change of air.
Perhaps, you said. At once let's have purpose.

Have you change for this handwriter?
It is closed off for the time being
Take me to the other end of the city
where they show up the deserts in the sand.

The double tariff applies after sundown
It is forbidden to pass beyond this railing
Take me to the other end of the city
where nobody wants to go.

Paul Bowles   Next to Nothing 85

Olivier Asselin

Photographier après l'incendie. L'archive et la fiction dans le travail d'Angela Grauerholz

Les collections sont variées. Rien n'y échappe : les œuvres d'art, les spécimens naturels, les photographies, les livres et les documents, bien sûr, mais aussi les timbres, les pièces de monnaie, les cartes postales, les autographes, les porte-clés, les épinglettes, les étiquettes, les sous-verres, etc. Et même les fonds de chapeau, les factures, les cordes de pendus, les brosses à dents et les boules de neige. Sans compter les collections thématiques, qui mettent l'accent, non pas sur le type d'objet ou le médium mais sur le motif. Certaines collections sauvegardent les objets uniques, d'autres les supports reproductibles comme le papier, le papier photographique, le film ou encore les données numériques. Elles peuvent être plus ou moins accessibles, privées ou publiques, personnelles ou institutionnelles – comme le cabinet de curiosités, le musée, la bibliothèque, la cinémathèque, l'archive, la banque de données et, bien sûr, Internet.

Dans cet ensemble, la photographie occupe une place singulière. Elle est vite devenue un objet de collection – même si le musée d'art a tardé à l'accueillir. Et surtout, dès son invention, elle fut considérée comme un moyen de collectionner. Dans son texte inaugural où il spécule sur les usages possibles de cette nouvelle technologie, le scientifique et politicien François Arago considère d'abord la photographie comme le meilleur procédé pour inventorier les monuments historiques[1]. De ce point de vue, la photographie et la collection entretiennent un rapport essentiel et l'archive photographique pourrait bien être la collection de toutes les collections.

---

1 ——— François Arago, *Rapport sur le daguerréotype* (lu par Louis-Jacques-Mandé Daguerre à la séance de la Chambre de Députés, le 3 juillet 1839, et à l'Académie des Sciences, le 19 août 1839), Paris, Bachelier, 1839.

La collection est aussi une forme particulière d'organisation des données. Elle les classe – et les rend accessibles – selon différents systèmes, qui peuvent être spatiaux, de navigation, relationnels, en réseau, etc. Elle peut les ordonner selon une logique historique, géographique ou stylistique, selon un ordre numérique ou alphabétique, ou selon toute autre classification pertinente. Elle peut les installer dans une architecture, sur des étagères, dans les tiroirs d'un cabinet ou sur les pages d'un site Internet. Toutefois, quelle que soit sa structure, la collection suppose généralement une certaine égalisation des données et un accès libre.

En un sens, la collection est comme une œuvre d'art : elle offre une image du monde. On se souvient que, pour Michel Foucault, le musée et la bibliothèque étaient déjà, comme d'ailleurs le jardin et le cimetière, des *hétérotopies*, c'est-à-dire des lieux clos qui offrent une représentation inversée de l'espace social au cœur même de l'espace social lui-même[2].

Mais inversement, l'œuvre d'art est, elle aussi, une collection. Chaque œuvre est une collection de matériaux, de formes et de motifs d'origine diverse. Et chaque œuvre est aussi, bien sûr, une collection d'œuvres d'art, dans la mesure au moins où elle cite d'autres œuvres : les œuvres classiques sont produites et reçues comme des collections de citations d'œuvres classiques; les œuvres modernes citent, elles aussi, les œuvres classiques, même si les intentions sont parodiques; les œuvres postmodernes, quant à elles, citent les œuvres classiques et modernes, de même que les institutions qui les accueillent. Si le récit, puis la figure ont longtemps été les modèles dominants de l'œuvre d'art, la collection pourrait bien les avoir remplacés à ce titre. Comme l'écrivait Foucault de deux des maîtres de l'art moderne – et postmoderne : « Flaubert est à la bibliothèque ce que Manet est au musée. Ils écrivent, ils peignent dans un rapport fondamental à ce qui fut peint, à ce qui fut écrit (…). Leur art s'édifie où se forme l'archive[3]. »

Angela Grauerholz a longtemps pratiqué la photographie en tant que telle, produisant des images uniques ou des séries, comme ses dix portraits de femmes (1984–1985). Mais au début des années 1990, l'artiste a commencé à considérer ses propres images comme des collections et elle a par la suite développé cette réflexion dans des œuvres plus ambitieuses qui ont pris la forme de musées, de bibliothèques et d'archives. Ce changement de perspective peut sembler une rupture épistémologique dans l'œuvre, comme un passage à un niveau supérieur et métadiscursif, mais cette extension cache sans doute une continuité exemplaire. Et paradoxalement, ce ne sont pas les archives récentes qui nous permettent de comprendre rétrospectivement les premières images, mais au contraire, les images qui nous livrent la clé des archives[4].

Le cabinet et le tombeau

La réflexion de Grauerholz sur l'archive s'est manifestée pour la première fois dans *Secrets, a gothic tale* (1993–1995). Commandée par le Centre d'art contemporain du domaine de Kerguéhennec, en Bretagne, qui loge dans un joli château du XVIIIᵉ siècle au milieu d'un parc paysagé au XIXᵉ siècle, l'œuvre est constituée d'une série de photographies de paysages. Mais elles ont été installées, non pas dans les salles d'exposition, sur les murs, mais dans la bibliothèque du château, près des livres, dans les tiroirs où l'on range habituellement les gravures et les cartes. Ce déplacement est lourd de conséquences : dans ce nouveau contexte, les photographies sont présentées moins comme des œuvres d'art contemporaines dans le cadre d'une exposition temporaire que comme des documents qui font partie d'une archive historique. Car, malgré son apparente neutralité, l'archive affecte ce qu'elle archive : elle transforme tout en document historique.

Mais, ici, le déplacement est creusé par un étrange roman. En effet, Grauerholz a élaboré autour de ces œuvres une fiction paratextuelle qui les présente comme des images réalisées au XIXᵉ siècle par un personnage imaginaire, son *alter ego* : une femme photographe. Il est peut-être surprenant de voir Grauerholz recourir à l'*autofiction*, puisque c'est un procédé auquel elle semble n'avoir jamais eu recours avant ni après d'ailleurs. Mais les apparences sont parfois trompeuses.

Grauerholz a poursuivi cette réflexion dans *Églogue ou Filling the Landscape* (1995). Mais cette fois, le travail ne consiste plus simplement à inscrire des images dans une archive déjà instituée, comme l'art *in situ*, mais à constituer l'archive elle-même, comme une œuvre d'art autonome. Il s'agit en effet d'un cabinet de plexiglas, avec six grands tiroirs, dans lesquels sont soigneusement rangés une série de vingt-sept portfolios noirs qui contiennent deux cent seize épreuves photographiques prises par l'artiste. Les images sont classées selon un système de mots-clés, descriptifs ou évocateurs, qui renvoient tous au genre du paysage.

Églogue est ainsi comme une archive miniature et portative : le cabinet est monté sur roulettes, les tiroirs sont munis de poignées. Mais, paradoxalement, le spectateur n'est pas invité à toucher le meuble, ni la collection. Dans le contexte artistique, cette contrainte était prévisible : généralement, le musée prive les objets de leur valeur d'usage pour privilégier la seule valeur d'exposition, il s'adresse à la vue et non au toucher, parce que les fins de conservation ont préséance sur les fins pédagogiques. Et ici,

2 ——— Michel Foucault, « Des espaces autres » [1967, 1984], *Dits et écrits*, tome IV : 1980–1988, Paris, Gallimard, 1994, p. 752–762.

3 ——— Michel Foucault, « La bibliothèque fantastique », dans Gustave Flaubert, *La Tentation de Saint Antoine*, Paris, Gallimard, 1971, p. 12.

4 ——— Sur la question des archives dans le travail de Grauerholz, voir notamment : Marnie Fleming, *Mettre le passé en ordre*, Oakville, Oakville Galleries, 1995 (réimprimé dans ce catalogue) et Anne Bénichou, « Renouer avec l'esthétique de l'archive photographique », *CV*, no 59 (novembre 2002), p. 27–30.

cette double contrainte – touche et ne touche pas – manifeste la différence entre ces deux types de collection que sont l'archive et le musée.

Quoi qu'il en soit, de l'ensemble de ces images, le spectateur ne voit que ce que le conservateur a daigné lui montrer, c'est-à-dire rien si les tiroirs et les portfolios sont fermés, quelques images s'ils sont ouverts. Dans tous les cas, le spectateur est invité à imaginer le reste et, surtout, à éprouver les limites de la visibilité. Certes, cette limite est constitutive de l'archive, qui, par définition, a toujours une *réserve* : elle contient plus que ce qu'on en voit. Mais *Églogue* radicalise cette condition jusqu'à sa limite : l'archive, ici, pourrait bien n'être qu'une réserve parfaitement close. Et le choix des matériaux manifeste cette dialectique : le plexiglas permet au regard d'entrer dans la boîte, mais le carton noir des portfolios lui interdit d'aller plus avant.

Mais de quoi *Églogue* est-elle l'archive ? De photographies, bien sûr, et de photographies de paysages, comme le sous-titre l'annonce et les mots-clés le confirment. La figure humaine est présente dans ces images, elle occupe même parfois le premier plan et le centre de l'image, mais elle est généralement montrée de dos et fait valoir le paysage. L'archive est ainsi ordonnée par un *médium* et par un *genre*. Mais elle est aussi unifiée sous un nom propre, elle est *monographique* : toutes ces photographies ont été prises par une même artiste, Angela Grauerholz. La chose peut paraître banale – bien des collections sont monographiques – mais elle se complique ici dans la mesure où la collectionneuse est la collectionnée, elle se collectionne elle-même, elle constitue une *autocollection*.

Sententia I – LXII (1998) est une archive du même type, constituée d'une série de soixante-deux photographies de l'artiste conservées dans un cabinet. Ici cependant, les images ne sont pas présentées horizontalement dans des tiroirs ouverts, mais sous verre, au recto et au verso de cadres verticaux coulissants – trente et un très exactement, qui comportent chacun deux images. Et ces cadres sont inscrits dans un meuble massif, fait de bois de merisier.

Mais l'archive est ici quelque chose de religieux. Et cette impression est renforcée par l'étrange base du meuble qui, par ce matériau et cette architecture, par son horizontalité, son opacité et, surtout, ses dimensions humaines (2,32 mètres de long par 0,91 mètre de large), ressemble à un véritable cercueil. Le meuble entier évoque ainsi un monument funéraire, un moment funéraire singulier, qui associe le corpus et le corps de l'artiste, l'archive et le roman de la mort de l'artiste.

Ainsi, ces trois œuvres sont déjà fondées sur deux opérations centrales dans le travail de Grauerholz : l'*autocollection*, qui, par le moyen de l'archive, introduit les images de l'artiste au sein même de ses œuvres, et l'*autofiction* qui, par le roman, présente ces images comme l'œuvre de quelqu'un d'autre ou comme des œuvres posthumes.

La salle de lecture et la reconstitution

L'installation *Reading Room for the Working Artist* (2003–2004) peut sembler constituer un autre important déplacement dans l'œuvre de Grauerholz et dans sa réflexion sur l'archive. Ici, déjà, la nature même de l'archive a changé. Elle recueille, non pas tant les photographies de l'artiste, mais toutes sortes de matériaux hétérogènes trouvés et colligés par l'artiste : des photographies, des dessins et des illustrations, des extraits de films, des coupures de journaux et de magazines, des pages de catalogues, des citations savantes. Et ces matériaux ont été rassemblés, non pas dans des portfolios ou sur des cadres, mais dans des livres d'artistes, douze livres en fait, imprimés mais uniques. L'archive documente ainsi, non plus essentiellement l'œuvre de Grauerholz, mais tout le modernisme artistique et même le xxᵉ siècle. Les principes de sélection et de classement de ces documents sont largement arbitraires, sinon idiosyncrasiques, mais ils n'en ont pas moins une ambition historique.

Néanmoins, l'installation n'est pas seulement une archive, elle est aussi une *reconstitution* historique. Pour présenter tout cela, Grauerholz a reproduit la célèbre salle de lecture du *Club ouvrier de l'URSS* de Rodchenko, qui fut présentée à l'*Exposition internationale des Arts décoratifs et industriels modernes* à Paris en 1925. Elle a fait construire des meubles identiques à ceux qui apparaissent dans les photographies de l'exposition originale : des double tables de lectures avec douze chaises modernes et une autre pour jouer aux échecs. Dans la plupart des occurrences de cette installation, elle a aussi fait peindre des murs rouges, ménagé un espace de projection, accroché une reproduction de la page couverture du magazine *Interview* présentant l'affiche créée par Rodchenko du film *Ciné-Œil* qui se trouvait dans les lieux originaux, dont les fonctions dépassaient largement celles d'une salle de lecture pour assumer le rôle d'un centre de loisirs et de formation politique. Et puis, Grauerholz a inscrit sur le mur le mot « biblioteka » avec un graphisme inspiré de celui que Rodchenko lui-même avait créé pour l'espace sur Lénine dans sa salle de lecture.

La reconstitution est aujourd'hui devenue l'un des modes privilégiés de l'histoire. Elle est même très prisée dans les musées d'art. Ce n'est pas étonnant dans la mesure où la reconstitution et le musée poursuivent les mêmes fins : la représentation du passé. Mais leurs moyens restent divergents et même conflictuels : la reconstitution met l'accent sur la reproduction et la simulation (elle est fondée sur la métaphore et la valeur d'exposition), tandis que le musée d'art privilégie la présentation d'artéfacts originaux (il est fondé sur la métonymie et la valeur cultuelle). C'est pourquoi la reconstitution continue de faire travailler l'institution. Quoi qu'il en soit, la salle de lecture du *Club ouvrier* a elle-même été reconstituée plusieurs fois dans les musées, notamment en 1998, au Museum of Modern Art de New York, à l'occasion de la première rétrospective américaine de Rodchenko, et très récemment, l'hiver dernier, au Tate Modern, à l'occasion de l'exposition *Rodchenko and Popova: Defining Constructivism*.

Toute reconstitution implique un déplacement, de fonction et de public : elle confère aux choses reconstituées une fonction documentaire et les adresse à un public historien, amateur ou professionnel. Toutefois, Grauerholz opère un singulier détournement de la reconstitution, puisqu'elle transforme de surcroît la salle de lecture en archive historique. Alors que la salle originale devait offrir aux ouvriers des journaux et livres soigneusement sélectionnés pour leur loisir et leur instruction, notamment politique, Grauerholz a déposé sur les tables des livres d'artiste, par elle conçus, qui contiennent les matériaux historiques qu'elle a accumulés au fil du temps et qui font comme une histoire de la modernité et du XXe siècle, et qu'elle destine à l'artiste au travail, si l'on en juge par le titre, ironique, de l'installation, ou en tout cas aux amateurs d'art.

Un tel détournement – l'inscription d'une archive dans la reconstitution – peut sembler conforme à l'esprit historien, mais il introduit, une fois de plus, au cœur de l'œuvre, cette figure perverse qu'est la *mise en abyme* : dans la reconstitution d'un moment-clé du modernisme, l'artiste a déposé une archive du modernisme et, parmi elle, peut-être, la photo de l'exposition originale qui a servi de modèle à la reconstitution. Et la mise en abyme s'étend, bien sûr, en amont : cette reconstitution qui contient une archive réfléchit le musée même qui contient la reconstitution.

La banque de données et la mise en abyme

Après l'exposition de sa *Reading Room*, Grauerholz a continué à travailler à l'enrichissement de son archive personnelle. Et récemment, elle a trouvé un nouveau dépôt pour sa collection : non plus le cabinet ou le livre dans le musée, mais un site sur Internet. Le passage du musée à l'archive, de l'archive à la bibliothèque, de la bibliothèque au site Web peut sembler continu, mais il implique une transformation radicale des documents et de la valeur qui leur est attribuée. L'archive était auparavant constituée d'objets uniques dont la valeur était cultuelle. Elle rassemble maintenant des reproductions qui ont une valeur d'exposition. Elle passe de documents singuliers à des documents multiples qui existent en plusieurs exemplaires, d'un régime autographique à un régime allographique, du document matériel au document virtuel.

L'artiste a en effet commencé à numériser ses documents pour les verser dans une banque de données intitulée *www.atworkandplay.ca* (2008), qui a été inaugurée au début de 2009. Les données sont ici classées selon des catégories thématiques vagues et rendues accessibles grâce à des bandes verticales qui apparaissent lors du film d'introduction. Ces catégories sont identifiées par neuf verbes (dans les deux langues officielles du Canada) qui évoquent les activités de l'artiste – et de tout être humain : collectionner, construire, sentir, disparaître, créer, écrire, penser, exister, vaincre.

Lorsqu'on clique sur l'une des bandes verticales, une image s'ouvre liée à l'activité. Si on déplace le curseur sur l'image, une grille apparaît bientôt en transparence, dont quelques-unes des neuf cases présentent une autre image ou une citation qui annonce d'autres documents. Si on clique sur l'une de ces cases, un autre document apparaît et une autre grille qui offre d'autres liens. Et ainsi de suite. À droite de chaque page, un numéro identifie le document (les deux premiers chiffres renvoient à la catégorie sous laquelle le document est classé, les quatre chiffres suivants au document lui-même) et un petit x discret nous permet d'accéder à une légende qui en indique la source. En bas au centre, un petit dessin abstrait *in progress* et un compteur nous indiquent le temps que nous passons dans l'archive. Le tout sur une musique planante.

Ici, les données sont nombreuses et variées, plus que dans toute autre archive constituée par Grauerholz. Le site recueille près de quatre mille documents de toutes sortes : des photographies documentaires et artistiques, des gravures et des schémas, des reproductions d'œuvres d'art, des extraits de films, des cartes postales, des citations d'ouvrages littéraires et surtout savants, des coupures de presse, des couvertures ou des pages de livres, de catalogues ou de périodiques, etc.

Et bien sûr, l'archive n'est pas close. Elle est même potentiellement infinie. Sur le plan *matériel*, déjà. Si les archives traditionnelles ont des limites spatiales, les nouvelles archives numériques n'en ont pas : elles ont des limites technologiques et celles-ci sont constamment repoussées. Mais l'archive de Grauerholz est aussi potentiellement infinie sur le plan *conceptuel*, parce qu'elle n'a pas de définition stricte. Le site a beau présenter l'ensemble des documents comme une « histoire moderniste », les acquisitions ne dépendent en fin de compte que du choix, subjectif, de l'artiste et du hasard de ses rencontres. Certes, l'art moderne et contemporain y occupe une place centrale, avec Courbet, Baudelaire, Picasso, Duchamp, les dadaïstes, les surréalistes, les constructivistes, Genet, le Nouveau Roman, Borges, Warhol, Maciunas, Gilbert and George, Clemente, Kiefer, Abramovic, Bustamante, etc. De même que ce qu'on appelle (un peu rapidement) la « théorie » (qui est en fait une *certaine* théorie) avec des auteurs comme Benjamin, Warburg, Wittgenstein, Bataille, McLuhan, Yates, Barthes, Jabès, Derrida, Buchloh, Krauss, Stewart, Agamben, etc. Sur ce plan, l'archive est comme une anthologie des noms propres et des idées qui comptent, aujourd'hui, dans un certain milieu artistique et universitaire. Mais l'archive contient aussi quelques documents sur la culture populaire, l'actualité et la société en général, avec des images ou des textes sur la Commune, l'homme-éléphant, Robert Louis Stevenson, un fait divers, Babe Ruth, etc. Si bien que semble régner ici un certain arbitraire.

Mais l'archive contient un grand nombre d'images et de réflexions qui portent sur l'archive en général (notamment, mais pas seulement, dans la catégorie *collectionner*). Et elle contient, bien sûr, des images de Grauerholz elle-même. Ici encore, la collection est ainsi *mise en abyme*, elle est elle-même illustrée, théorisée et historicisée, elle est aussi une *autocollection*.

L'autocollection est une forme de la mise en abyme (une image qui se représente elle-même). Et cette figure est commune dans la modernité. Déjà, elle était au cœur d'un certain modernisme, qui cherchait par là à manifester les propriétés – physiques, syntaxiques, sémantiques, pragmatiques, esthétiques – de l'œuvre, de chaque art, dans le cadre d'une quête identitaire, autodéfinitionnelle, comme dans l'art abstrait au début du XXᵉ. Mais la modernité a aussi eu recours à des mises en abyme plus ambitieuses qui réfléchissent non seulement l'œuvre elle-même, mais aussi son contexte, son contexte physique et, surtout, son contexte institutionnel : le musée et le discours sur l'art, qu'il soit critique, théorique ou historique.

De même, l'autofiction (un artiste qui imite un autre artiste, une image qui imite une autre image) est un genre important dans la modernité. Elle était déjà fréquente dans le classicisme et le néo-classicisme, dont le fantasme était sans doute de produire des œuvres qui imitent si bien les œuvres du passé qu'elles passent pour des œuvres du passé. Un certain art moderne y a eu recours aussi, pour élaborer autour de l'œuvre, dans le paratexte, des fictions historiques.

L'autocollection et l'autofiction placent l'œuvre et l'artiste dans une position institutionnelle et historique ambiguë, sinon impossible : l'œuvre est inscrite dans l'institution, mais elle en mime les opérations fondatrices, elle est à la fois dans le passé de l'histoire et dans le présent du discours qui cherche à la représenter; l'artiste est à la fois la collectionneuse et la collectionnée, la commissaire et l'artiste, l'historienne et l'historique, la théoricienne et la théorisée, le sujet et l'objet du discours.

Ces deux stratégies, qui bouclent l'histoire sur elle-même, peuvent réfléchir divers aspects de l'œuvre d'art et servir des fins variées, esthétiques et politiques. Sous un régime sérieux, elles sont souvent le moyen d'une *autolégitimation*. Sous un régime parodique, elles sont le moyen d'une *critique des institutions*, quand les œuvres se mettent à mimer les pratiques muséales et les discours historiens pour en révéler le fonctionnement et mieux y résister. Dans le travail de Grauerholz, l'autocollection et l'autofiction peuvent sembler avoir une telle fonction autolégitimante et/ou critique. Mais elles ont probablement d'autres fonctions et d'autres effets.

Les images et la patine

Toute cette réflexion de Grauerholz sur les archives pourrait bien avoir trouvé son aboutissement dans l'archive virtuelle ouverte et infinie que constitue *www.atworkandplay.ca*. Mais en fin de course, on s'interroge sur le sens ou la fonction de cette entreprise. Et paradoxalement, il est peut-être nécessaire de revenir aux images même d'Angela Grauerholz, celles du début, celles qui dorment aujourd'hui parmi une infinité d'autres dans les archives qu'elle a constituées.

Les photographies de Grauerholz sont pudiques, sinon réservées. Elles présentent généralement des objets inanimés et des lieux déserts ou alors des personnages lointains qui nous tournent le dos. Elles sont souvent difficiles à lire et résistent aux significations simples. Mais ces images ont, malgré tout, une dimension *autobiographique*.

Parce que les sujets sont souvent en mouvement, parce que le cadre bouge et paraît arbitraire, parce que la lumière même semble changeante, ces images paraissent toutes avoir été prises rapidement et capter un moment passager. Ces images refusent de stabiliser et d'éterniser leur motif : elles en manifestent au contraire toute l'instabilité et la fugacité. Mais elles ne cultivent pas pour autant l'instant « décisif » : ici, chaque instant est unique, certes, mais il reste banal. Et ces images évitent ainsi les deux temps usuels de la photographie, le temps du monument et le temps de l'événement, pour présenter un autre temps, un temps qui fuit, lentement et inexorablement, qui a fui.

Ensuite, parce que, souvent, les motifs évoquent la vie quotidienne et le voyage : des personnes croisées, des paysages entrevus, des musées ou des sites visités, des vues prises d'avion, d'autres d'un train, un restaurant, les restes d'un repas, un lobby d'hôtel, une chambre, etc. Malgré leur apparente réserve, ces images sont toujours d'une grande intimité.

Par ailleurs, l'artiste recourt à toutes sortes de procédés – le bougé et le flou, le haut contraste, la diffusion de lumières et le vignettage, le noir et blanc ou la sépia – qui, parce qu'ils rappellent de vieux effets, donnent aux images une origine, un âge qu'elles n'ont pas. Il est souvent difficile de les situer précisément : certaines rappellent l'Amérique des années 1950, mais la plupart nous transportent en Europe, autour de la Seconde Guerre mondiale ou plus tôt encore, au XIXe siècle. Quelques-unes évoquent un ailleurs et un passé plus lointains encore, archaïques même, l'Antiquité : ici, une villa romaine (dans un musée sans doute), là, un forum. Ces photographies participent de la reconstitution historique : elles sont comme ces fausses antiquités qui, bien patinées, comblaient la passion des amateurs de passé.

Ainsi, les images de Grauerholz ont toujours eu cette dimension fictionnelle, autofictionnelle, qui les historicise, autohistoricise. Elles se présentent comme si elles avaient été prises par quelqu'un d'autre, ailleurs, avant, dans un autre lieu, dans un autre temps. Et le grand format des images, qui en accentue le grain mais aussi l'ouverture, l'éloignement et la proximité, nous invite à oublier le présent pour nous perdre dans le passé.

Privation (2001) est une œuvre unique dans le travail de Grauerholz. Réalisée entre les cabinets et les salles de lecture, elle participe à la fois des images autonomes ou sérialisées et des archives photographiques. L'œuvre est une simple série d'images, ces images sont uniques, mais, cette fois, elles se présentent moins comme des œuvres d'art que comme des documents, elles sont normalisées et même standardisées. Il s'agit aussi d'une archive photographique où des images sont accumulées, mais le statut de la photographie dans l'archive est différent : elle n'est plus seulement l'objet de l'archive, mais elle en est aussi le principal moyen, un moyen d'inventorier.

Grauerholz documente ici une bibliothèque – sa bibliothèque personnelle – qui est passée au feu. Elle ne montre pas les lieux, mais seulement les livres brûlés. Pour ce faire, l'artiste abandonne l'esthétique photographique qu'elle a toujours privilégiée (que certains, à tort, ont associé au pictorialisme), pour adopter une approche plus objective et méthodique : elle photographie la face et le dos de chacun des livres, avec un cadrage fixe et une valeur de plan rapprochée, qui centralisent parfaitement le motif et donnent à l'ensemble l'allure d'un inventaire systématique. Le format, identique, des images agrandies et leur installation, très ordonnée, dans l'espace renforcent d'ailleurs cette impression.

Les images permettent de reconstituer la bibliothèque et ses orientations – histoire de l'art, philosophie, communications, théorie, etc. Mais comme il s'agit d'une bibliothèque privée, elles esquissent une sorte d'autoportrait, un autoportrait de l'artiste en intellectuel ou, mieux, une autobiographie. Car ces photographies soulignent en effet le temps qui passe, par le graphisme des livres qu'elles présentent, qui change avec les époques, par l'évolution des goûts intellectuels qu'elles manifestent et, bien sûr, par l'incendie qu'elles évoquent et qui a tout détruit, irrémédiablement.

Ces photographies sont magnifiques : les mots et les images sur les couvertures ou sur les pages des livres, la morsure du feu, les tâches de l'eau font, chaque fois, une composition de couleurs, de formes et de textures, qui rappelle les plus belles peintures abstraites. Mais, partout, sous cette beauté, le drame point obstinément, celui de l'incendie.

Évidemment, ce ne sont que des livres et les livres sont remplaçables, surtout à l'ère de la reproductibilité technique et de la culture de masse. Mais affectivement, les livres sont plus que des objets matériels : ils ont une aura, c'est-à-dire une certaine humanité. Déjà, parce que ce sont des reliques, des objets intimes, réduits et portatifs, qui nous ont accompagnés un moment, au moins le temps d'une lecture, parfois toute une vie. Et surtout parce que ce sont des métaphores : ils ont une individualité, une verticalité, une face, une opacité, une intériorité, ils contiennent des mots, des idées, des sentiments – comme des personnes. Et cette archive de photographies de livres brûlés devient ainsi comme une galerie de portraits de personnes disparues, une sorte de *mémorial*. Et la belle phrase, tristement prophétique, de Heinrich Heine revient à la mémoire – étrangement : « Là où on brûle des livres, on finit par brûler des hommes »[5].

La post-mémoire et la mélancolie

Il y a dans les images de Grauerholz une terrible mélancolie. Les motifs sont marqués par la perte : des paysages déserts, des arbres effeuillés, des immeubles ruinés, des bibliothèques silencieuses, des personnes qui s'éloignent, des cimetières et, toujours, des moments éphémères. Et cette perte, évidemment, est creusée par le médium photographique lui-même, qui, comme Barthes l'a bien montré, est essentiellement funèbre, et par les procédés employés qui produisent des images floues et fugaces aux limites de la visibilité, sur le point de disparaître. Et face à la beauté et à la force de ces images, la réflexion sur l'archive peut sembler secondaire et même réductrice. Mais elle est peut-être, justement, une manière de conjurer le pouvoir affectif des images et de détourner l'attention, comme un mécanisme de défense, une rationalisation. Mais évidemment, on ne cesse de revenir aux images.

Pourquoi la mélancolie ? Usuellement, dans le travail du deuil, le sujet apprend progressivement à se détacher de l'objet perdu pour s'attacher à d'autres objets. En un sens, il s'agit de « tuer le mort ». Mais souvent, ce travail est impossible ou difficile : le sujet se désintéresse progressivement du monde, il ne cesse de repenser à l'être aimé, il s'en sent responsable ou alors il s'identifie à lui, il l'incorpore et reporte tous les affects qui lui étaient attachés sur son propre moi. C'est alors qu'il devient mélancolique.

Mais dans les images de Grauerholz, la mélancolie est d'une autre nature, comme au second degré. Car de quel objet font-elles le deuil ? De quel être commémorent-elles, incessamment, la perte ? Aucun en particulier ou tous en général. Ce ne sont pas les gens sur les photographies, ni les livres, ce ne sont pas les intérieurs, ni les paysages en tant que tels, mais c'est un peu tout cela. Ces images semblent commémorer un manque plus fondamental encore, dont tous les objets représentés ne seraient que la métaphore (comme un objet *a* au sens lacanien du terme), comme si le temps lui-même était l'objet du deuil.

5 ___ Heinrich Heine, *Almansor*, 1823. À ce sujet, voir Lucien X. Polastron, *Livres en feu. Histoire de la destruction sans fin des bibliothèques*, Paris, Denoël, 2004.

C'est pourquoi les images de Grauerholz, chacune d'entre elles et toutes prises ensemble, ont une dimension traumatique. Le traumatisme est un événement de la vie si fort qu'il ne peut être intégré par le sujet – ni pensé, ni dit, ni remémoré. Mais qu'il soit refoulé comme dans la névrose, dénié comme dans la perversion ou forclos comme dans la psychose, il reste dans le psychisme comme « un corps étranger ». Et il est si fort qu'il revient toujours structurer tous les autres souvenirs et l'expérience même du présent.

Est-il possible que, sous ces images, au cœur de ces archives, se tienne, comme en creux, la mémoire, impossible, de l'Holocauste ? Il n'est nulle part question de cela *littéralement* et pourtant le souvenir est peut-être partout évoqué, *figurativement*, dans des motifs, des procédés photographiques et des archives de *substitution*, par des métonymies et des métaphores, des déplacements et des condensations, des *fragments* et des *fictions*, qui sont la trace ou ont la forme du souvenir sans le souvenir, qui commémorent sans montrer. C'est comme s'il s'agissait de photographier et de collectionner tout sauf cela, qui est toujours impossible, sinon difficile, à représenter.

Et l'histoire se complique lorsque ces figures sont *fictionnalisées* et *mises en abyme*. Quand les choix esthétiques imitent la patine du temps et quand l'œuvre elle-même est incluse dans l'archive, il se produit une double *historicisation* du présent, une transformation du présent en passé. Mais, dans cette historicisation, le présent n'est ni monumentalisé, ni relativisé : il est en quelque sorte éclipsé. Et si cette historicisation est sans doute une façon de mieux se souvenir du passé, elle est aussi le moyen d'oublier le présent. L'œuvre nous jette ainsi dans une situation paradoxale, une sorte de double contrainte, dont le moi ne peut sortir qu'à condition de se diviser, pour occuper deux places temporelles incomposibles : l'œuvre nous invite à commémorer le passé comme si nous étions morts avec lui. C'est peut-être une manière de gérer la culpabilité qui est, aujourd'hui, notre condition.

Certains, au nom de l'authenticité, pourront s'indigner de cette rhétorique et de cette poétique. Mais elle peut être aujourd'hui incontournable. Après le moment du silence et le moment de l'archive, peut-être sommes-nous entrés dans le moment de l'art et de la fiction. Avec la disparition des témoins et l'épuisement des documents, les archives sont closes et leur revisitation incessante peut sembler, désormais, la seule commémoration possible. Mais la fiction vient renouveler notre rapport au passé, qui permet non pas tant d'en conserver la mémoire, mais au moins de la transmettre, c'est-à-dire de la raviver et de la faire comprendre. Et la meilleure fiction est peut-être celle qui problématise cette mémoire et en montre toute la complexité. Entre le « trop d'oubli » et le «trop de mémoire»[6], la juste mémoire est peut-être précisément une mémoire critique, qui repose inlassablement la question de la juste mémoire[7].

La fin de la mémoire et le début de l'histoire

Dans son texte, inaugural, sur les «lieux de mémoire»[8], Pierre Nora s'interroge sur la prolifération actuelle des commémorations – des cérémonies, des monuments, des musées, des bibliothèques, des archives. Pour l'historien, cette vague est le symptôme d'une accélération du temps[9] et, surtout, d'une transformation radicale du rapport à l'histoire. Le présent n'est plus pensé dans une continuité avec un passé toujours vivant, mais comme une rupture avec un passé définitivement mort. Jadis, le passé était vécu dans la *mémoire*, une mémoire spontanée, à la fois intime et collective, acquise dans l'expérience, conservée et transmise sur des générations par des institutions tradition-nelles comme la famille, l'église, l'école, l'État. Aujourd'hui, le passé est, non pas vécu dans une mémoire vive, mais reconstitué par l'*histoire*, une histoire artificielle, volon-taire et critique, essentiellement individuelle. «On ne parle tant de mémoire que parce qu'il n'y en a plus», constate Nora[10]. «Tout ce que l'on appelle aujourd'hui mémoire n'est donc pas de la mémoire mais déjà de l'histoire. Tout ce que l'on appelle flambée de mémoire est l'achèvement de sa disparition dans le feu de l'histoire»[11].

Pour Nora, la mémoire est aujourd'hui essentiellement *archivistique*, elle est collectionneuse et enregistreuse: elle privilégie les traces, les monuments, les documents, les enregistrements. Elle est matérielle et sensuelle: elle préfère les objets, les images et les sons. Elle cultive la présence du passé ou sa reconstitution minutieuse, comme l'indiquent le renouveau de l'oralité, le retour du récit et, bien sûr, l'importance de l'image, de l'image indicielle surtout, comme la photographie ou le cinéma. La mémoire actuelle est portée par une «obsession de l'archive», dont l'horizon, inaccessible, semble être la conserva-tion intégrale de tout le passé – et de tout le présent – comme si tout avait déjà une impor-tance historique, comme si tout risquait un jour d'en acquérir une et méritait donc d'être immédiatement archivé et protégé contre le passage du temps[12].

---

6 —— Paul Ricœur, *La mémoire, l'histoire, l'oubli*, Paris, Seuil, 2000.

7 —— Régine Robin, *La mémoire saturée*, Paris, Stock, 2003.

8 —— Nora, Pierre, «Entre Mémoire et Histoire. La problématique des lieux», *Les lieux de mémoire*, Tome I, «La République» [1984], Paris, Gallimard, 1997, p. 23–43.

9 —— Cette idée est probablement empruntée à Daniel Halévy, *Essai sur l'accélération de l'histoire* [1948], Paris, Fallois, 2001. Voir aussi Jean-Noël Jeanneney, *L'histoire va-t-elle plus vite? Variations sur un vertige*, Paris, Gallimard, 2001.

10 —— Nora, *op. cit.*, p. 23.

11 —— *Ibid.*, p. 30.

12 —— Sur la question de l'archive, voir aussi le livre de Jacques Derrida, *Mal d'archive. Une impression freudienne*, Paris, Galilée, 1995.

Plus récemment, François Hartog est revenu sur cette question pour en tirer des conclusions similaires[13]. À partir des réflexions de Reinhart Koselleck sur l'expérience du temps historique[14], Hartog tente lui aussi de définir le « régime d'historicité » contemporain. Alors que l'ancien régime était caractérisé par un *passéisme* – qui prend le passé comme modèle et suppose une asymétrie entre l'expérience du passé et les attentes envers le futur – et la modernité par un *futurisme* – qui croit au progrès et suppose une asymétrie inverse entre le passé et le futur –, le monde actuel est marqué par le *présentisme* – une distance maximale entre le champ d'expérience et l'horizon d'attente, une suspension du temps historique dans un présent omniprésent. « La lumière projetée depuis le futur baisse, l'imprévisibilité de l'avenir augmente, le présent devient la catégorie prépondérante, tandis que le passé récent – celui dont on s'étonne qu'il "ne passe pas" ou dont on s'inquiète qu'il "passe" – exige d'être incessamment et compulsivement visité et revisité »[15]. Pour Hartog, l'actuelle prolifération mémorielle ne contredit pas le présentisme, bien au contraire : elle est une réponse à ce nouveau régime d'historicité, elle en est le symptôme. Et comme Nora faisait de l'obsession de l'archive le trait exemplaire de la nouvelle mémoire historienne, Hartog fait de la patrimonialisation le cœur du présentisme actuel.

Aujourd'hui en effet, le passé est aujourd'hui constamment présentifié, comme s'il s'agissait d'abord et avant tout de faire éprouver le passé par tous les moyens : le passé, le passé sensible, prime sur l'histoire, « la présence du passé, l'évocation et l'émotion l'emportent sur la prise de distance et la médiation »[16]. Inversement, le présent est immédiatement historicisé, comme si tout était toujours déjà historique ou devait bientôt le devenir : les événements comprennent maintenant leur « autocommémoration », les choses, leur muséification instantanée.

Cette passion mémorielle a des causes variées. Mais elle est sans doute liée à l'extension du capitalisme et à sa temporalité particulière. L'accélération des échanges, de la production et de la consommation, ébranle les continuités traditionnelles – l'expérience est fragmentée, la famille fragilisée, les communautés multipliées, la société atomisée – et suscite bien des inquiétudes identitaires, tant sur le plan individuel que sur le plan social. De ce point de vue, cette obsession ou ce fantasme de conservation pourrait bien être un mécanisme de défense contre l'accélération du temps et l'histoire, un refuge rassurant contre la désaffiliation généralisée.

13 —— François Hartog, *Régimes d'historicité. Présentisme et expériences du temps*, Paris, Seuil, 2003.

14 —— Reinhart Koselleck, *Futures Past: On the Semantics of Historical Time*, traduit par Keith Tribe, Cambridge (Mass.), The MIT Press, [1985] 1990.

15 —— Hartog, *op. cit.*, p. 153.

16 —— *Ibid.*, p. 199, 206.

think **penser**

min.

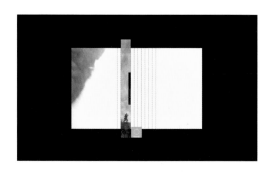

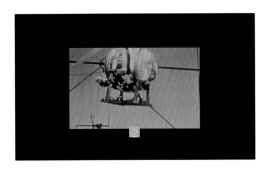

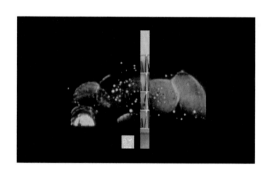

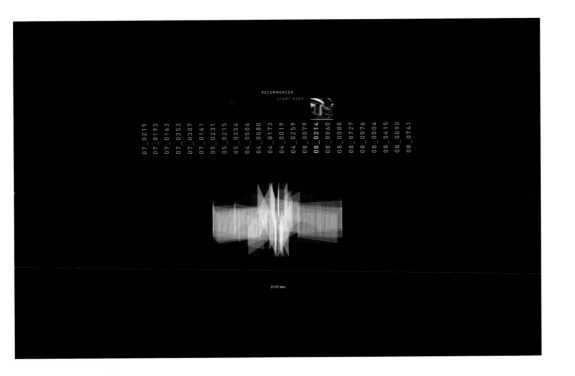

BIOGRAPHICAL NOTES

Born in Hamburg, Germany, in 1952, Angela Grauerholz has lived and worked in Montreal since 1976. A graduate of the Kunstschule Alsterdamm, Hamburg, in graphic design, she studied literature and linguistics at the University of Hamburg and holds a Master's degree in Fine Arts (photography) from Concordia University, Montreal. In 1980, she was a co-founder of ARTEXTE, centre d'information en art contemporain, still today an important archive for Canadian art, where she worked until 1986. Simultaneously, until the late 1980s, she was very active as a graphic designer specializing in catalogue and book design. Since 1988, she has been teaching at the École de design, Université du Québec à Montréal, where she is now Director of the Centre de Design (2008–). Having influenced and taught many generations of graphic designers in Quebec, she has received numerous awards for her design work, such as the Award of Excellence (Best of Best) from the American Federation of Arts, New York, for the book *Lisette Model*, published by the National Gallery of Canada in 1990, and has worked for many distinguished artists and art institutions across Canada. In 2006, Grauerholz was awarded Quebec's Prix Paul-Émile-Borduas for her accomplishments in the arts.

Grauerholz's photographic work has been exhibited and collected nationally and internationally. She has participated in numerous international events of distinction, including the Biennale of Sydney, Australia (1990), documenta IX, Kassel, Germany (1992), and the Carnegie International, Pittsburgh, USA (1995). Solo exhibitions of her work have included *Angela Grauerholz: Photographien* at the Westfälischer Kunstverein, Münster (1991), *Angela Grauerholz: Recent Photographs*, exhibited at the MIT List Visual Arts Center, Cambridge, Massachusetts (1993), and a survey exhibition organized by the Musée d'art contemporain de Montréal, which was first shown there in 1995 and then travelled in Canada and Europe (1995–96). Another notable solo exhibition was *Angela Grauerholz: Sententia I – LXII*, which opened at the Albright-Knox Art Gallery, Buffalo, in 1999. *Sententia I – LXII* was also shown with *Schriftbilder* at The Power Plant Contemporary Art Gallery, Toronto, and at the Museum of Contemporary Photography, Columbia College, Chicago (1999–2000). Her *Privation* series of photographs was exhibited as part of the *Biennale de Montréal* (2002) and presented the same year at the Contemporary Art Gallery, Vancouver. In 2003, *Angela Grauerholz: Reading Room for the Working Artist* and *Privation* were shown at the Blaffer Gallery, The Art Museum of the University of Houston. *Reading Room for the Working Artist* was exhibited in 2006 at VOX, Contemporary Image Centre, Montreal, in 2007 at The Ottawa Art Gallery in the exhibition *Rereading*, and in 2008 in *Memory Palace* at the Vancouver Public Library. VOX produced and launched her web work *www.atworkandplay.ca* in 2009.

SELECTED BIBLIOGRAPHY

MAGAZINE ARTICLES

2009
"Portfolio. Angela Grauerholz. www.atworkandplay.ca. Images from the website, 2008," *Prefix Photo*, no. 19 (Spring/Summer 2009).

Vincent Bonin, "At Work and Play," *VOX image contemporaine: contemporary image*, no. 29 (January 2009).

2008
Jacques Doyon, "Angela Grauerholz, about Work + Play," an internet project, *CV ciel variable*, no. 80 (Fall 2008–Winter 2009).

2005
Cheryl Simon, "Between Heaven and Earth, the Loci and the Cosmos: At Work in the Reading Room for the Working Artist," *CV ciel variable*, no. 66 (May 2005).

Colette Tougas, "Angela Grauerholz et ses livres," *CV ciel variable*, no. 66 (May 2005).

2002
Anne Bénichou, "Renouer avec l'esthétique de l'archive photographique," *CV Photo [ciel variable]*, no. 59 (November 2002).

2000
Terrie Sultan, "An Esthetic of Anticipation," *Art in America*, May 2000.

1997
Ian Carr-Harris, "Fellow Traveller," *Canadian Art*, vol. 14, no. 3 (Fall 1997).

1996
Augusto Chimpen, "Humberto Rivas and Angela Grauerholz (Maison de la Culture Côte-des-Neiges)," *Art Nexus*, no. 19 (January–March 1996).

Von Wout Nierhoff, "Angela Grauerholz: Photographien 1988–1995," *Kunstforum International*, November 1995/January 1996.

1995
Penny Cousineau, "Angela Grauerholz: Musée d'art contemporain de Montréal," *Canadian Art*, vol. 12, no. 1 (Spring 1995).

Ann Duncan, "Angela Grauerholz: Musée d'art contemporain," *ARTnews*, vol. 94, no. 6 (Summer 1995).

John Grande, "Angela Grauerholz: Musée d'art contemporain," *Artforum*, April 1995.

1994
Klaus Honnef, "Jedes Foto ist Vergangenheit," *ART – Das Kunstmagazin*, no. 9 (September 1994).

1993
Régis Durand, "Contemporary Canadian Photography, Identity and Invention," *Art Press*, no. 186 (December 1993).

1992
Charles V. Miller, "On the Road to Kassel," *Artforum*, vol. 30, no. 10 (Summer 1992).

Frank Perrin, "Angela Grauerholz. Claire Burrus," *Flash Art*, vol. 25, no. 167 (November/December 1992).

Richard Rhodes, "Documenta IX," *Canadian Art*, vol. 9, no. 3 (Fall 1992).

Gianni Romano, "In Dreams Begin Responsibilities," *Lapiz*, vol. 10, no. 87 (May–June 1992).

1991

James Patten, "An/Other Canada, Another Canada, Other Canada," *The Massachusetts Review*, vol. XXXI, no. 1–2 (Spring–Summer 1990).

Chantal Pontbriand, "Le regard vertigineux de l'ange: photographies d'Angela Grauerholz," *Parachute*, no. 63 (July/August/September 1991).

Kitty Scott, "Untold Stories," *C Magazine*, Spring 1991.

1990

Bob Wilkie, "Telling Pictures, Revealing Histories," *Afterimage*, vol. 17 (April 1990).

1989

Beth Seaton, "Angela Grauerholz – Mundane Re-Membrances," *Parachute*, no. 56 (October/November/December 1989).

1988

Chantal Pontbriand, "A Canadian Art Portfolio: Tunnel of Light," *Canadian Art*, vol. 5, no. 4 (Winter 1988).

1986

Cheryl Simon, "The Déjà Vu of Angela Grauerholz," *Vanguard*, vol. 15, no. 2 (April/May 1986).

BOOKS AND CATALOGUES

2005

Bruce Johnson, *A Garden of Forking Paths* (St. John's, NL: The Rooms, 2005).

2004

Claude Gosselin, Colette Tougas, et al., *Les 20 ans du CIAC* (Montreal: Centre international d'art contemporain de Montréal, 2004).

2003

Penny Cousineau-Levine, *Faking Death: Canadian Art Photography and the Canadian Imagination* (Montreal and Kingston: McGill-Queen's University Press, 2003).

Terrie Sultan, *Angela Grauerholz: Reading Room for the Working Artist: Privation* (Houston: Blaffer Gallery, The Art Museum of the University of Houston, 2003).

1998

Louise Déry, *Angela Grauerholz* (Quebec: Musée du Québec / Rome: Galleria Valentina Moncada, 1998).

Boris Groys, Rosalind E. Krauss and Paul Virilio, *The Promise of Photography/The DG Bank Collection*, Luminita Sabau (ed.), with Iris Cramer and Petra Kirchberg (New York: Prestel, 1998).

1997

Lynne Pearce, *Feminism and the Politics of Reading* (London and New York: Arnold, 1997).

1996

Rosa Olivares, Christina Scherer and Paulette Gagnon, *Astrid Klein, Angela Grauerholz (Colección Imagen, doble visión)* (Valencia: Sala Parpalló, 1996).

Richard Rhodes, *Angela Grauerholz* (Tokyo: Galerie Deux, 1996).

1995

Richard Armstrong, *Carnegie International 1995* (Pittsburgh: The Carnegie Museum of Art, 1995).

Marnie Fleming, *Putting the Past in Order* (Oakville: Oakville Galleries, 1995).

Paulette Gagnon, *Angela Grauerholz* (Montreal: Musée d'art contemporain de Montréal, 1995).

Angela Grauerholz, *Aporia: a book of landscapes* (Oakville: Oakville Galleries, 1995).

Diana Nemiroff, Shiji Kohmoto and Yuko Hasegawa, *Spirits on the Crossing: Travellers to/from Nowhere: Contemporary Art in Canada 1980–94* (Tokyo: Setagaya Art Museum / Kyoto: National Museum of Modern Art / Sapporo: Hokkaido Museum of Modern Art, 1995).

Eckhard Schneider, ed., *Angela Grauerholz – Texte zum Werk*, with texts by Barbara Engelbach, Marnie Fleming, Klaus Honnef, Anne Hoormann, Johannes Odenthal (Hannover: Kunstverein Hannover, 1995).

1994

Lara Strumej and Igor Zabel, *Kraji / Places* (Ljubljana: Moderna Galerija Ljubljana/Museum of Modern Art, 1994).

Denys Zacharopoulos, "Angela Grauerholz: Secrets, a gothic tale," in *Domaine 1993* (Ghent: Domaine de Kerguéhennec/La Chambre, 1994).

1993

Helaine Posner, *Angela Grauerholz: Recent Photographs* (Cambridge, MA: MIT List Visual Arts Center, 1993).

1992

Marianne Heinz, et al., *Documenta IX: Die Magische Dose* (Kassel: Neue Galerie / Stuttgart: Edition Cantz, 1992).

Jan Hoet, et al., *Documenta IX* (Stuttgart: Edition Cantz / New York: Harry N. Abrams, Inc., 1992).

1991

Carol Brown and Bruce W. Ferguson, *Un-Natural Traces: Contemporary Art from Canada* (London: Barbican Art Gallery, 1991).

Friedrich Meschede and Chantal Pontbriand, *Angela Grauerholz: Photographien* (Münster: Westfälischer Kunstverein, 1991).

1990

René Block, *The Eighth Biennale of Sydney: The Readymade Boomerang: Certain Relations in 20th Century Art* (Sydney: Biennale of Sydney, 1990).

Johanne Lamoureux and Cheryl Simon, *Angela Grauerholz* (Toronto: Mercer Union, 1990).

1989

Louise Dery, Denise Désautel and Fréderic-Jacques Temple, *Territoires d'artistes: Paysages verticaux* (Quebec: Musée du Québec, 1989).

Réal Lussier, *Tenir l'image à distance* (Montreal: Musée d'art contemporain de Montréal, 1989).

Cheryl Simon, ed., *The Zone of Conventional Practice and Other Real Stories / À propos de convention et autres fictions* (Montreal: Galerie Optica, 1989).

1988

Chantal Pontbriand, *The Historical Ruse: Art in Montréal / La ruse historique: l'art à Montréal* (Toronto: The Power Plant, 1988).

NOTES BIOGRAPHIQUES

Née à Hambourg, en Allemagne, en 1952, Angela Grauerholz vit et travaille à Montréal depuis 1976. Diplômée en design graphique de la Kunstschule Alsterdamm de Hambourg, elle a étudié la littérature et la linguistique à l'Université de Hambourg et détient une maîtrise en beaux-arts (photographie) de l'Université Concordia de Montréal. En 1980, elle a participé à la fondation d'ARTEXTE, centre d'information en art contemporain (encore aujourd'hui un important dépôt d'archives sur l'art canadien), où elle a travaillé jusqu'en 1986. En même temps, et jusqu'à la fin des années 1980, elle a été très active comme graphiste spécialisée dans la conception de livres et de catalogues d'exposition. Depuis 1988, elle enseigne à l'École de design de l'Université du Québec à Montréal, où elle est, depuis 2008, directrice du Centre de design. Elle a ainsi instruit et influencé plusieurs générations de graphistes québécois. Titulaire de nombreux prix, dont le prix d'excellence (« Best of Best ») de l'American Federation of Arts de New York pour son livre *Lisette Model*, publié par le Musée des beaux-arts du Canada en 1990, Grauerholz a travaillé pour maints éminents artistes et institutions artistiques du Canada. En 2006, le prix Paul-Émile-Borduas du Québec lui a été décerné pour l'ensemble de son œuvre dans le domaine des arts visuels.

Grauerholz a vu ses œuvres photographiques exposées et collectionnées au Canada et à l'étranger. Elle a participé à de nombreuses manifestations d'envergure internationale, dont la Biennale de Sydney, en Australie (1990), la *documenta IX* de Cassel, en Allemagne (1992), et le Carnegie International de Pittsburgh, aux États-Unis (1995). Parmi ses expositions solos, on compte *Angela Grauerholz : Photographien* à la Westfälischer Kunstverein de Münster (1991), *Angela: Recent Photographs* au MIT List Visual Arts Center de Cambridge, au Massachusetts (1993), une rétrospective organisée par le Musée d'art contemporain de Montréal, d'abord présentée là en 1995 puis mise en tournée au Canada et en Europe (1995–1996), ainsi que *Angela Grauerholz: Sentenia I – LXII*, inaugurée à l'Albright-Knox Art Gallery de Buffalo en 1999. *Sentenia I – LXII* fut également présentée avec *Schriftbilder* au Power Plant Contemporary Art Gallery de Toronto et au Museum of Contemporary Photography du Columbia College de Chicago (1999–2000). La série de photographies *Privation* a été exposée à la *Biennale de Montréal* en 2002 et, la même année, à la Contemporary Art Gallery de Vancouver. En 2003, *Angela Grauerholz: Reading Room for the Working Artist* et *Privation* ont été exposées à la Blaffer Gallery, The Art Museum of the University of Houston. *Reading Room for the Working Artist* a été ensuite installée en 2006 chez VOX, centre de l'image contemporaine, à Montréal, puis en 2007 à la Galerie d'art d'Ottawa dans le cadre de l'exposition *Relectures*, et en 2008 dans le cadre de *Memory Palace* à la Vancouver Public Library. VOX a produit et lancé l'œuvre Web de Grauerholz, *www.atworkandplay.ca*, en 2009.

BIBLIOGRAPHIE CHOISIE

ARTICLES

2009

« Portfolio. Angela Grauerholz. www.atworkandplay.ca. Images from the website, 2008 », *Prefix Photo*, n° 19 (printemps/été 2009).

Vincent Bonin, « At Work and Play. Une expérimentation Web d'Angela Grauerholz », *Journal VOX image contemporaine: contemporary image*, n° 29 (janvier 2009).

2008

Jacques Doyon, « Angela Grauerholz, au sujet de Work+Play, un projet Internet », *CV ciel variable*, n° 80 (automne 2008–hiver 2009).

2005

Cheryl Simon, « Between Heaven and Earth, the Loci and the Cosmos: At Work in the Reading Room for the Working Artist », *CV ciel variable*, n° 66 (mai 2005).

Colette Tougas, « Angela Grauerholz et ses livres », *CV ciel variable*, n° 66 (mai 2005).

2002

Anne Bénichou, « Renouer avec l'esthétique de l'archive photographique », *CV Photo [ciel variable]*, n° 59 (novembre 2002).

2000

Terrie Sultan, « An Esthetic of Anticipation », *Art in America*, mai 2000.

1997

Ian Carr-Harris, « Fellow Traveller », *Canadian Art*, vol. 14, n° 3 (automne 1997).

1996

Augusto Chimpen, « Humberto Rivas and Angela Grauerholz (Maison de la culture Côte-des-Neiges) », *Art Nexus*, n° 19 (janvier–mars 1996).

Von Wout Nierhoff, « Angela Grauerholz: Photographien 1988–1995 », *Kunstforum International*, novembre 1995/janvier 1996.

1995

Penny Cousineau, « Angela Grauerholz. Musée d'art contemporain de Montréal », *Canadian Art*, vol. 12, n° 1 (printemps 1995).

Ann Duncan, « Angela Grauerholz. Musée d'art contemporain », *ARTnews*, vol. 94, n° 6 (été 1995).

John Grande, « Angela Grauerholz. Musée d'art contemporain », *Artforum*, avril 1995.

1994

Klaus Honnef, « Jedes Foto ist Vergangenheit », *ART – Das Kunstmagazin*, n° 9 (septembre 1994).

1993

Régis Durand, « Contemporary Canadian Photography, Identity and Invention », *Art Press*, n° 186 (décembre 1993).

1992

Charles V. Miller, « On the Road to Kassel », *Artforum*, vol. 30, n° 10 (été 1992).

Frank Perrin, « Angela Grauerholz. Claire Burrus », *Flash Art*, vol. 25, n° 167 (novembre/décembre 1992).

Richard Rhodes, « Documenta IX », *Canadian Art*, vol. 9, n° 3 (automne 1992).

Gianni Romano, « In Dreams Begin Responsibilities », *Lapiz*, vol. 10, n° 87 (mai–juin 1992).

1991
James Patten, « An/Other Canada, Another Canada, Other Canada », *The Massachusetts Review*, vol. XXXI, nᵒˢ 1–2 (printemps–été 1990).

Chantal Pontbriand, « Le regard vertigineux de l'ange. Photographies d'Angela Grauerholz », *Parachute*, nᵒ 63 (juillet/août/septembre 1991).

Kitty Scott, « Untold Stories », *C Magazine*, printemps 1991.

1990
Bob Wilkie, « Telling Pictures, Revealing Histories », *Afterimage*, vol. 17 (avril 1990).

1989
Beth Seaton, « Angela Grauerholz – Mundane Re-Membrances », *Parachute*, nᵒ 56 (octobre/novembre/décembre 1989).

1988
Chantal Pontbriand, « A Canadian Art Portfolio: Tunnel of Light », *Canadian Art*, vol. 5, nᵒ 4 (hiver 1988).

1986
Cheryl Simon, « The Déjà Vu of Angela Grauerholz », *Vanguard*, vol. 15, nᵒ 2 (avril/mai 1986).

LIVRES ET CATALOGUES D'EXPOSITION

2005
Bruce Johnson, *A Garden of Forking Paths*, St. John's (T-N), The Rooms, 2005.

2004
Claude Gosselin, Colette Tougas, et coll., *Les 20 ans du CIAC*, Montréal, Centre international d'art contemporain de Montréal, 2004.

2003
Penny Cousineau-Levine, *Faking Death: Canadian Art Photography and the Canadian Imagination*, Montréal et Kingston, McGill-Queen's University Press, 2003.

Terrie Sultan, *Angela Grauerholz: Reading Room for the Working Artist: Privation*, Houston, Blaffer Gallery, The Art Museum of the University of Houston, 2003.

1998
Louise Déry, *Angela Grauerholz*, Québec, Rome, Musée du Québec en collaboration avec Galleria Valentina Moncada, 1998.

Boris Groys, Rosalind E. Krauss et Paul Virilio, *The Promise of Photography/The DG Bank Collection*, Luminita Sabau dir., avec Iris Cramer et Petra Kirchberg, New York, Prestel, 1998.

1997
Lynne Pearce, *Feminism and the Politics of Reading*, Londres et New York, Arnold, 1997.

1996
Rosa Olivares, Christina Scherer et Paulette Gagnon, *Astrid Klein, Angela Grauerholz (Colección Imagen, doble visión)*, Valence, Sala Parpalló, 1996.

Richard Rhodes, *Angela Grauerholz*, Tokyo, Galerie Deux, 1996.

1995
Richard Armstrong, *Carnegie International 1995*, Pittsburgh, The Carnegie Museum of Art, 1995.

Marnie Fleming, *Putting the Past in Order*, Oakville, Oakville Galleries, 1995.

Paulette Gagnon, *Angela Grauerholz*, Montréal, Musée d'art contemporain de Montréal, 1995.

Angela Grauerholz, *Aporia: a book of landscapes*, Oakville, Oakville Galleries, 1995.

Diana Nemiroff, Shiji Kohmoto et Yuko Hasegawa, *Spirits on the Crossing: Travellers to/from Nowhere: Contemporary Art in Canada 1980–94*, Tokyo, Kyoto et Sapporo, Setagaya Art Museum , National Museum of Modern Art et Hokkaido Museum of Modern Art, 1995.

Eckhard Schneider, dir., *Angela Grauerholz – Texte zum Werk*, avec la participation de Barbara Engelbach, Marnie Fleming, Klaus Honnef, Anne Hoormann et Johannes Odenthal, Hannover, Kunstverein Hannover, 1995.

1994
Lara Strumej et Igor Zabel, *Kraji / Places*, Ljubljana, Moderna Galerija Ljubljana et Museum of Modern Art, 1994.

Denys Zacharopoulos, « Angela Grauerholz: Secrets, a gothic tale », dans *Domaine 1993*, Ghent, Domaine de Kerguéhennec / La Chambre, 1994.

1993
Helaine Posner, *Angela Grauerholz: Recent Photographs*, Cambridge (Mass.), MIT List Visual Arts Center, 1993.

1992
Marianne Heinz, et coll., *Documenta IX: Die Magische Dose*, Cassel et Stuttgart, Neue Galerie et Edition Cantz, 1992.

Jan Hoet, et coll., *Documenta IX*, Stuttgart et New York, Edition Cantz et Harry N. Abrams Inc., 1992.

1991
Carol Brown et Bruce W. Ferguson, *Un-Natural Traces: Contemporary Art from Canada*, Londres, Barbican Art Gallery, 1991.

Friedrich Meschede et Chantal Pontbriand, *Angela Grauerholz : Photographien*, Münster, Westfälischer Kunstverein, 1991.

1990
René Block, *The Eighth Biennale of Sydney: The Readymade Boomerang: Certain Relations in 20th Century Art*, Sydney, Biennale of Sydney, 1990.

Johanne Lamoureux et Cheryl Simon, *Angela Grauerholz*, Toronto, Mercer Union, 1990.

1989
Louise Dery, Denise Désautel et Fréderic-Jacques Temple, *Territoires d'artistes. Paysages verticaux*, Québec, Musée du Québec, 1989.

Réal Lussier, *Tenir l'image à distance*, Montréal, Musée d'art contemporain de Montréal, 1989.

Cheryl Simon, dir., *The Zone of Conventional Practice and Other Real Stories / À propos de convention et autres fictions*, Montréal, Galerie Optica, 1989.

1988
Chantal Pontbriand, *The Historical Ruse: Art in Montréal / La ruse historique: l'art à Montréal*, Toronto, The Power Plant, 1988.

LIST OF WORKS AND LIST OF ILLUSTRATIONS
LISTE DES ŒUVRES ET DES ILLUSTRATIONS

List of Works/Liste des œuvres

Titles are given in their original language, with translations in brackets. Dimensions for prints refer to paper/support size.

Les titres sont indiqués dans la langue originale et une traduction entre crochets est offerte. Les dimensions données des épreuves se réfèrent à la dimension du papier/support.

p. 12
Judith Schwarz 1984 (printed/tiré en 1990)
Gelatin silver print/Épreuve à la gélatine argentique, 144.3 × 102 cm
National Gallery of Canada/Musée des beaux-arts du Canada, Ottawa

p. 13
Martha Townsend 1984 (printed/tiré en 1990)
Gelatin silver print/Épreuve à la gélatine argentique, 144.3 × 102 cm
National Gallery of Canada/Musée des beaux-arts du Canada, Ottawa

p. 14
Monica Haim 1984 (printed/tiré en 1990)
Gelatin silver print/Épreuve à la gélatine argentique, 144.3 × 102 cm
National Gallery of Canada/Musée des beaux-arts du Canada, Ottawa

p. 15
Jean Blodgett 1984 (printed/tiré en 1990)
Gelatin silver print/Épreuve à la gélatine argentique, 144.3 × 102 5 cm
National Gallery of Canada/Musée des beaux-arts du Canada, Ottawa

p. 16
Michèle Waquant 1984 (printed/tiré en 1990)
Gelatin silver print/Épreuve à la gélatine argentique, 144.3 × 102 cm
National Gallery of Canada/Musée des beaux-arts du Canada, Ottawa

p. 17
Heather Wallace 1984 (printed/tiré en 1990)
Gelatin silver print/Épreuve à la gélatine argentique, 144.3 × 102 cm
National Gallery of Canada/Musée des beaux-arts du Canada, Ottawa

p. 18
Marie Potvin 1984 (printed/tiré en 1990)
Gelatin silver print/Épreuve à la gélatine argentique, 144.3 × 102 cm
National Gallery of Canada/Musée des beaux-arts du Canada, Ottawa

p. 19
Martha Townsend 1985 (printed/tiré en 1990)
Gelatin silver print/Épreuve à la gélatine argentique, 144.3 × 102 cm
National Gallery of Canada/Musée des beaux-arts du Canada, Ottawa

p. 20
Corrine Corry 1984 (printed/tiré en 1990)
Gelatin silver print/Épreuve à la gélatine argentique, 144.3 × 102 cm
National Gallery of Canada/Musée des beaux-arts du Canada, Ottawa

p. 21
Lesley Johnstone 1984 (printed/tiré en 1990)
Gelatin silver print/Épreuve à la gélatine argentique, 144.3 × 102 cm
National Gallery of Canada/Musée des beaux-arts du Canada, Ottawa

pp. 36–37
Raymonde 1984 (printed/tiré en 1989)
Azo dye print/Épreuve au colorant azoïque, 122 × 162.5 cm
Musée d'art contemporain de Montréal, Montréal

pp. 38–39
Sofa 1988
Azo dye print/Épreuve au colorant azoïque, 122 × 162.5 cm
Angela Grauerholz, courtesy/avec l'aimable autorisation d'Art 45, Montréal

pp. 40–41
Window [Fenêtre] 1988
Azo dye print/Épreuve au colorant azoïque, 122 × 162.5 cm
Art Gallery of Ontario/Musée des beaux-arts de l'Ontario, Toronto. Gift from the/Don du Peggy Lownsbrough Fund, 1991

pp. 42–43
Harrison 1989
Azo dye print/Épreuve au colorant azoïque, 122 × 162.5 cm
Art Gallery of Ontario/Musée des beaux-arts de l'Ontario, Toronto. Gift of/Don d'Alison and/et Alan Schwartz, 1999

pp. 44–45
Les Invalides [The Invalids] 1989
Azo dye print/Épreuve au colorant azoïque, 122 × 162.5 cm
Art Gallery of Ontario/Musée des beaux-arts de l'Ontario, Toronto. Gift from the/Don du Peggy Lownsbrough Fund, 1991

pp. 46–47
Crowd [Foule] 1988
Azo dye print/Épreuve au colorant azoïque, 122 × 162.5 cm
Musée d'art contemporain de Montréal, Montréal. Gift of the artist/Don de l'artiste

pp. 48–49
La bibliothèque [The Library] 1992 (printed/tiré en 1993)
Azo dye print/Épreuve au colorant azoïque, 122 × 183 cm
National Gallery of Canada/Musée des beaux-arts du Canada, Ottawa

pp. 50–51
Le bureau [The Bureau] 1993
Azo dye print/Épreuve au colorant azoïque, 122 × 183 cm
Musée d'art contemporain de Montréal, Montréal

pp. 66–67
Chemin de fer [Railway] 1994
Gelatin silver print/Épreuve à la gélatine argentique, 122 × 183 cm
Musée d'art contemporain de Montréal, Montréal

pp. 68–69
The Island [L'île] c./v. 1994 (printed/tiré en 1997)
Gelatin silver print/Épreuve à la gélatine argentique, 122 × 183 cm
Ottawa exhibition/exposition à Ottawa: Paul Pape and/et Gillian Lansdowne, Toronto
Tour/Tournée: Collection of/de David A. Dorsky and/et Helaine Posner, New York

pp. 70–71
Jewish Cemetery [Cimetière juif] c./v. 1994 (printed/tiré en 2004)
Ink jet print/Épreuve au jet d'encre, 123.2 × 174 cm
Canadian Museum of Contemporary Photography/Musée canadien de la photographie contemporaine, Ottawa

pp. 72–73
Fountain No. 3 [Fontaine nº 3] 1992 (printed/tiré en 1998)
Gelatin silver print/Épreuve à la gélatine argentique, 70 × 106.7 cm
Musée national des beaux-arts du Québec, Québec. Gift of the artist/Don de l'artiste

p. 74
Fountain No. 2 [Fontaine nº 2] 1992 (printed/tiré en 1998)
Gelatin silver print/Épreuve à la gélatine argentique, 70 × 106.7 cm
Musée national des beaux-arts du Québec, Québec. Gift of the artist/Don de l'artiste

p. 75
Fountain No. 1 [Fontaine nº 1] 1992 (printed/tiré en 1998)
Gelatin silver print/Épreuve à la gélatine argentique, 70 × 106.7 cm
Musée national des beaux-arts du Québec, Québec. Gift of the artist/Don de l'artiste

pp. 76–77
Disparition [Disappearance] 1995
Gelatin silver print/Épreuve à la gélatine argentique, 122 × 183 cm
Angela Grauerholz, courtesy/avec l'aimable autorisation d'Art 45, Montréal

pp. 101–103
Aporia: a book of landscapes [Aporie, un livre de paysages] 1995
Artist's book, 324 pages, 287 photographs printed in duotone, produced in an edition of 1,000 by Oakville Galleries, Oakville, 1995
Livre d'artiste, 324 pages, 287 photographies en double ton, édition tirée à 1000 exemplaires par Oakville Galleries, Oakville (Ontario), 1995
22.3 × 16.6 × 2.1 cm

pp. 128–144
Sententia I – LXII 1998
Wooden cabinet, glass, metal / Cabinet en bois,
verre, métal, 203 × 94 × 238 cm
31 vertical frames (drawers) / cadres verticaux
(tiroirs), 110 × 72 cm each/chacun
62 gelatin silver prints / épreuves à la gélatine
argentique, 94.8 × 63.2 cm each/chacun
Private collection, Berlin, Germany / Collection
particulière, Berlin, Allemagne

pp. 162–195
Reading Room for the Working Artist
[Salle de lecture de l'artiste au travail] 2003–2004
After Alexander Rodchenko's reading room of the
USSR Workers' Club, conceived for *L'exposition
internationale des Arts décoratifs et industriels
modernes*, Paris, 1925. Unique mixed-media
installation: 2 reading tables and 12 chairs made of
Russian plywood, 12 artist's books (pp. 172–195),
1 chess table/chairs, 32 chess pieces, 1 *Interview*
magazine cover showing Alexander Rodchenko's
poster for the film *Cine-Eye* (*Kino glaz*) by Dziga
Vertov, 1924 (framed), collection of books and
facsimiles, film/collage (in collaboration with
Réjean Myette) entitled *Ephemeris*, 16:06 minutes

D'après la salle de lecture du *Club ouvrier de l'URSS*
d'Aleksandr Rodchenko conçue pour *L'exposition
internationale des Arts décoratifs et industriels
modernes*, Paris, 1925. Installation unique constituée d'objets et de matériaux divers : 2 tables
de lecture et 12 chaises en contreplaqué russe,
12 livres d'artiste (p. 172–195), 1 table échiquier
avec 2 chaises et 32 pièces d'échec, page couverture du magazine *Interview* présentant l'affiche
créée par Aleksandr Rodchenko pour le film *Ciné-
Œil* (*Kino glaz*) de Dziga Vertov, 1924 (encadré),
collection de facsimilés et livres, film/collage (en
collaboration avec Réjean Myette) titré *Ephemeris*,
16 min 6 s

Angela Grauerholz, courtesy / avec l'aimable
autorisation d'Art 45, Montréal

pp. 166–167
White Figures I & II (diptych) [Formes blanches
1 & 2 (diptyque)] 2004
2 ink jet prints / épreuves au jet d'encre,
73 × 99 cm each/chacun
Angela Grauerholz, courtesy / avec l'aimable
autorisation de la Olga Korper Gallery, Toronto

pp. 212–217
www.atworkandplay.ca 2008
Website, produced by VOX, Contemporary Image
Centre, Montreal
Site Web, réalisé par VOX, centre de l'image
contemporaine, Montréal
Angela Grauerholz, courtesy / avec l'aimable
autorisation d'Art 45, Montréal

pp. 224–240
Privation 2002
Artist's book, ink jet prints presented in recto/
verso on 360 pages, produced in an edition of 15
Livre d'artiste, épreuves au jet d'encre présentées
recto/verso sur 360 pages, édition de 15
exemplaires, 28.5 × 23.0 × 5.5 cm
Angela Grauerholz, courtesy / avec l'aimable
autorisation d'Art 45, Montréal

The following *Privation* works in the exhibition
are represented in this catalogue as they appear
in the artist's book, in recto/verso.

Les épreuves suivantes de *Privation*, présentes
dans l'exposition, sont représentées recto/verso
dans ce catalogue, comme elles apparaissent
dans le livre d'artiste.

Privation Red Book No. 23 (back) [livre rouge n° 23
(quatrième de couverture)] 2001
Ink jet print / Épreuve au jet d'encre, 73.7 × 55.9 cm
Pamela Bryant and/et Jack Darville, Toronto

Privation Logo Book No. 146 (front) [livre avec
symbole n° 146 (première de couverture)] 2001
Ink jet print / Épreuve au jet d'encre, 73.7 × 55.9 cm
Angela Grauerholz, courtesy / avec l'aimable
autorisation d'Art 45, Montréal

Privation Logo Book No. 145 (front) [livre avec
symbole n° 145 (première de couverture)] 2001
Ink jet print / Épreuve au jet d'encre, 73.7 × 55.9 cm
Angela Grauerholz, courtesy / avec l'aimable
autorisation de la Olga Korper Gallery, Toronto

Privation Logo Book No. 159 (front) [livre avec
symbole n° 159 (première de couverture)] 2001
Ink jet print / Épreuve au jet d'encre, 73.7 × 55.9 cm
Angela Grauerholz, courtesy / avec l'aimable
autorisation d'Art 45, Montréal

Privation Logo Book No. 236 (front) [livre avec
symbole n° 236 (première de couverture)] 2001
Ink jet print / Épreuve au jet d'encre, 73.7 × 55.9 cm
Angela Grauerholz, courtesy / avec l'aimable
autorisation de la Olga Korper Gallery, Toronto

Privation Logo Book No. 246 (front) [livre avec
symbole n° 246 (première de couverture)] 2001
Ink jet print / Épreuve au jet d'encre, 73.7 × 55.9 cm
Angela Grauerholz, courtesy / avec l'aimable
autorisation d'Art 45, Montréal

Privation Logo Book No. 147 (front) [livre avec
symbole n° 147 (première de couverture)] 2001
Ink jet print / Épreuve au jet d'encre, 73.7 × 55.9 cm
Angela Grauerholz, courtesy / avec l'aimable
autorisation de la Olga Korper Gallery, Toronto

Privation Yellow and Red Book No. 147 (back)
[livre jaune et rouge n° 147 (quatrième de
couverture)] 2001
Ink jet print / Épreuve au jet d'encre, 73.7 × 55.9 cm
Angela Grauerholz, courtesy / avec l'aimable
autorisation d'Art 45, Montréal

Privation Red Book No. 54 (back) [livre rouge n° 54
(quatrième de couverture)] 2001
Ink jet print / Épreuve au jet d'encre, 73.7 × 55.9 cm
Angela Grauerholz, courtesy / avec l'aimable
autorisation de la Olga Korper Gallery, Toronto

List of Illustrations / Liste des illustrations

pp. 22, 52, 78, 114, 146, 196, and back cover / et
quatrième de couverture
Images from/de **Ladder of Ascent and Descent**
[La montée et la descente de l'entendement] 2008

pp. 92–101
Secrets, a gothic tale [Secrets, une légende gothique]
1993–1995

Work in situ at the library of the château at the Centre
d'art contemporain, Domaine de Kerguéhennec,
Bignan, Bretagne. Approximately 80 gelatin silver
prints of various dimensions in 6 portfolios and
5 frames, 1 book (*Aporia: a book of landscapes*, 1995)

Œuvre *in situ* à la bibliothèque du château du Centre
d'art contemporain, domaine de Kerguéhennec,
Bignan, Bretagne. Près de 80 épreuves à la gélatine
argentique de dimensions variées dans 6 portfolios
et 5 cadres, 1 livre (*Aporia: a book of landscapes*,
1995).

Series of 8 gelatin silver prints, framed, conceived
for installation in the reception hall of the château
(pp. 94–97): FRAC Bretagne, Châteaugiron, France

Séries de 8 épreuves à la gélatine argentique, encadrées, conçues pour l'installation dans la salle de
réception du château. (p. 94–97) : FRAC Bretagne,
Châteaugiron, France

pp. 104–113
Églogue ou Filling the Landscape [Eclogue
or Filling the Landscape] [Églogue ou remplir le
paysage] 1995

Cabinet (152.4 × 152.4 × 94 cm) made of transparent
Plexiglas, 6 drawers, approximately 216 gelatin
silver prints of various dimensions in 27 portfolios
Classeur (152,4 × 152,4 × 94 cm) fait en plexiglas
transparent, 6 tiroirs, près de 216 épreuves à la
gélatine argentique de dimensions variées placées
dans 27 boîtiers

Details from 2 portfolios, **Entering the Landscape**
(pp. 106–109) and **Leaving the Landscape**
(pp. 110–113)
Détails de 2 portfolios, **Entering the Landscape**
[Atteindre le paysage] (p. 106–109) et **Leaving
the Landscape** [Quitter le paysage] (p. 110–113)

Collection Musée d'art contemporain de Montréal.
Purchased with the support of the Canada Council
for the Arts Acquisition Assistance program / Achat,
avec l'aide du Programme d'aide aux acquisitions
du Conseil des Arts du Canada

Privation 2002

Signification and Significance
Charles Morris

ese two

re is a term
ning" which has
n something sig-
ne value or significance
signified. The nature of sig-
and significance, as well as
ons within human behavior,
ect matter of this book.
k is addressed to philoso-
to students of the behav-
nces, but it will also appeal
seriously interested in the
uman communication.

Morris is a graduate re-
ofessor in philosophy at the
of Florida. He received a
e in psychology from North-
iversity and a Ph.D. in phi-
the University of Chicago,
t Harvard, the New
Research, Rice Uni-
 versity of Chicago.
ent of the West-
erican Philo-
d is a Fellow
of Arts and
ociation
e, and
the
the

WILLARD VAN ORMAN QUINE

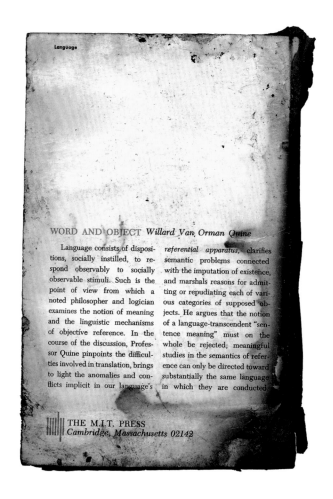

Language

WORD AND OBJECT *Willard Van Orman Quine*

Language consists of dispositions, socially instilled, to respond observably to socially observable stimuli. Such is the point of view from which a noted philosopher and logician examines the notion of meaning and the linguistic mechanisms of objective reference. In the course of the discussion, Professor Quine pinpoints the difficulties involved in translation, brings to light the anomalies and conflicts implicit in our language's *referential apparatus*, clarifies semantic problems connected with the imputation of existence, and marshals reasons for admitting or repudiating each of various categories of supposed objects. He argues that the notion of a language-transcendent "sentence meaning" must on the whole be rejected; meaningful studies in the semantics of reference can only be directed toward substantially the same language in which they are conducted

THE M.I.T. PRESS
Cambridge, Massachusetts 02142

Language and
Communication
George A. Miller

McGRAW-HILL PAPERBACKS

$3.45

Language and Communication   **Miller**

Beginning with the phonetic approach to communication, this absorbing introduction to the study of language examines in detail the physiology of speech and hearing, the applicability of statistics, the structuring of languages and social aspects of communication. Originally written as a text for psychologists, its audience has grown as problems of language and communication increasingly attract the interest of educators, business men, sociologists, political scientists, and government officials. Professor Miller has here brought together the more important approaches to communicative behavior with clarity and a straightforward stylistic simplicity.

Hill Paperbacks   42001

Structuralism
and Since
rom Levi Strauss to Derrida

Edited by John Sturrock

CAMERA AS WEAPON

Worker
Photography
between
the Wars

ON REASON